JN012661

金庫株の徹底活用術

公認会計士・税理士
都井 清史 [著]

一般社団法人 **金融財政事情研究会**

■はじめに

　金庫株とは会社が発行した株式を会社自身が株主から買い取り、自社で所有している自己株式のことです。

　金庫株の仕組みそのものはきわめてシンプルなのですが、この金庫株が上場会社・非上場会社のいずれにとっても会社経営に非常に役立つことで、近年特に脚光を浴びています。

　筆者のところには金庫株関連の相談が相当数来ており、そのほとんどが非上場会社における相続・事業承継の際の金庫株の活用の仕方についての相談です。

　各種制度の活用に関して、通常であれば予想外の副作用に対して細心の注意が必要となるのですが、非上場会社における金庫株のよいところは、その心配がいらないところです。

　むしろ、金庫株を活用することで中小企業のオーナー社長はもちろんのこと、それ以外の他の株主にも感謝されることが多く、金庫株を使う前と使った後では、他の株主の姿勢が、いがみ合いからお互いへの感謝へと大きく変わるのが普通です。

　金融機関職員の皆さまは、日常的にはオーナー社長からさまざまな問題を相談されることが多いため、他の株主からはどちらかといえば煙たがられる存在です。

　これに対して、相続・事業承継対策に限らず非上場会社での金庫株の活用は、他の株主から感謝されこそすれ、恨まれることがありません。

　金庫株を使えばまるで手品のように、さまざまな問題が一挙

に解決されるため、中小企業での金庫株の活用の提案をぜひ、考えていただければと思います。

　本書が皆さまのお仕事に少しでも役立てば、筆者の望外の喜びです。

　令和2年12月

公認会計士・税理士

都井　清史

目　次

―――第 I 章―――

金庫株とは何か

1　金庫株とは ……………………………………………………………… 2

2　なぜ「いま」金庫株なのか──金庫株ブームの背景 ………… 3

　(1)　上場会社では、株価対策として活用されている ……………… 3

　(2)　非上場会社では、相続税の納税資金対策として活用され

　　　ている ………………………………………………………………… 4

3　金庫株に対するニーズの多様化 …………………………………… 5

4　非上場会社と上場会社の金庫株の取扱い ……………………… 6

　(1)　会計上（会社法上）の取扱い ……………………………………… 6

　(2)　税務上の取扱い …………………………………………………… 6

5　海外における金庫株事情 ……………………………………………… 9

6　金庫株の限界と問題点 ……………………………………………… 11

7　会社法での取扱い …………………………………………………… 12

　(1)　金庫株を買い取る際の必要条件 ………………………………… 12

　(2)　分配可能額とは …………………………………………………… 13

　(3)　会社法上の手続 …………………………………………………… 14

　(4)　金庫株取得手続のまとめ ………………………………………… 15

　(5)　債務超過会社に対する配慮 ……………………………………… 16

　【コラム】　金庫株の取得における生命保険の活用 …………… 17

　(6)　金庫株の処分（売却） …………………………………………… 19

(7) 金庫株の消却 ································ 20

第 II 章
金庫株の活用方法とケース・スタディ

1 金庫株を使った相続税対策 ································ 24

(1) 相続税の納税資金対策 ································ 25

(2) 金庫株を活用した株式の集中時の課税関係 ················ 32

(3) 相続時における金庫株制度 ································ 34

2 自社株式の分散防止対策 ································ 39

3 金庫株と種類株式との組合せ ································ 44

4 会社財産を利用した遺産分割対策 ························ 50

5 少数株主を減らす対策 ································ 53

(1) 金庫株の活用による株式所有の集中の促進 ··············· 53

(2) 会社法で認められている単独株主権と少数株主権 ·········· 55

6 少数株主への利益還元対策 ································ 63

7 資金運用対策 ································ 67

8 組織再編対策 ································ 71

9 DES（負債と資本の交換）対策 ························ 75

(1) DES とは何か ································ 75

(2) DES のメリット ································ 76

(3) DES を行う前に ································ 79

(4) DES 手続の簡素化 ································ 81

(5) DES における金庫株の活用 ························ 83

⑹　DES の会計と税務 ……………………………………………… 84

⑺　DES 利用による相続税対策 ………………………………… 87

⑻　DES 利用時の贈与税対策 …………………………………… 88

第 Ⅲ 章

金庫株の会計と税務

1　非上場株式の売買時における適正な時価 …………………… 92

2　裁判所の考え方 ………………………………………………… 98

3　所得税法上の時価（個人⇔法人間取引の個人側の時価）……101

4　法人税法上の時価（個人⇔法人間取引、法人⇔法人間取

引の、法人側の時価）………………………………………… 112

5　非上場会社における個人株主からの金庫株の取得 ……… 117

6　非上場会社における従業員持株会からの金庫株の

取得 ……………………………………………………………… 120

7　非上場会社における金庫株の適正な時価とは …………… 122

8　他の会社を経由した金庫株の取得 ………………………… 125

第 Ⅳ 章

金庫株を取得する方法

1　株式譲渡制限会社における先買権者・買受人の指定の

請求に際し、定款で会社自身を先買権者・買受人と指定

する方法 ………………………………………………………… 129

2 会社法で認められた特別支配株主の株式等売渡請求
制度 ……………………………………………………………… 133

3 ミニ公開買付け（TOB）による金庫株（自己株式）の
取得 ……………………………………………………………… 137

4 特定の株主からの金庫株（自己株式）の取得 …………… 141

5 相続人等からの金庫株の取得 ……………………………… 145

6 相続人等に対する金庫株（自己株式）の売渡請求を定
款で定める場合 ……………………………………………… 151

第 Ⅴ 章

株式譲渡制限会社における株式の譲渡の承認手続

1 （例1） 譲渡制限株式の譲渡の承認 ……………………… 159

⑴ 株式譲渡の承認に係る取締役会議事録（取締役会を設け
ている場合） ……………………………………………… 161

⑵ 株式譲渡の承認に係る取締役会議事録（取締役会を設け
ている場合で、取締役全員の同意によるみなし決議による
場合） ………………………………………………………… 163

⑶ 株式譲渡の承認に係る株主総会議事録（取締役会を設け
ていない場合） …………………………………………… 166

2 （例2） 前述の（例1）を利用して金庫株（自己株式）と
する場合 ……………………………………………………… 169

⑴ 株主から株式発行会社に対して、他の者に株式を譲渡す
る旨の承認を請求（会社法136条、138条1号、S様式1

参照）⋯⋯⋯⋯⋯⋯⋯⋯⋯⋯⋯⋯⋯⋯⋯⋯⋯⋯⋯⋯⋯⋯⋯⋯⋯ 170

⑵ 譲渡・取得の承認の決定（会社法139条、記載例1「取
締役会招集通知」、記載例2「取締役会議事録」参照）⋯⋯⋯ 173

⑶ 承認されなかった場合の会社または指定買取人による買
取りの決定（会社法140条、記載例3「臨時株主総会招集
通知」、記載例4「臨時株主総会議事録」参照）⋯⋯⋯⋯⋯⋯ 176

⑷ 会社または指定買取人による買取りの通知（会社法141
条、S様式4およびS様式5参照）⋯⋯⋯⋯⋯⋯⋯⋯⋯⋯⋯ 180

⑸ 株式の売買価格の決定について（会社法144条）⋯⋯⋯⋯⋯ 183

⑹ 買取りの際の注意点 ⋯⋯⋯⋯⋯⋯⋯⋯⋯⋯⋯⋯⋯⋯⋯⋯⋯⋯ 185

⑺ 譲渡の承認があったとみなされる場合 ⋯⋯⋯⋯⋯⋯⋯⋯⋯ 186

第 VI 章

特論：金庫株を活用した株価引下げ対策

1 金庫株を活用した株価引下げ対策 ⋯⋯⋯⋯⋯⋯⋯⋯⋯⋯⋯⋯ 188

2 株価引下げのポイント ⋯⋯⋯⋯⋯⋯⋯⋯⋯⋯⋯⋯⋯⋯⋯⋯⋯ 198

⑴ 株式の買集めは株価を下げてから ⋯⋯⋯⋯⋯⋯⋯⋯⋯⋯⋯ 198

⑵ 役員退職金を利用した株価引下げ策の注意点 ⋯⋯⋯⋯⋯⋯ 203

⑶ 類似業種比準価額を引き下げる際の注意点 ⋯⋯⋯⋯⋯⋯⋯ 206

⑷ 純資産価額を引き下げる際の注意点 ⋯⋯⋯⋯⋯⋯⋯⋯⋯⋯ 212

⑸ 主要取引先や金融機関等の関係者への根回し ⋯⋯⋯⋯⋯⋯ 215

■おわりに──将来に向けての可能性について ⋯⋯⋯⋯⋯⋯⋯⋯ 217

第 **I** 章

金庫株とは何か

1 金庫株とは

　金庫株とは、会社が発行した株式を会社自身が株主から買い取り、自社で所有している自己株式のことです。

　会社の金庫にある自社株式のイメージから、金庫株の名前がつきました。

　最近では、たとえばソフトバンクグループのような大企業が数兆円規模の金庫株の取得を行い、株主に利益還元するなど、金庫株の活用は上場会社の株価対策としては当たり前になりました。

　一方で、金庫株は非上場の中小企業においても相続・事業承継の際には普通に活用されており、上場・非上場を問わず、株式会社における金庫株の活用が一種のブームのようになっています。

　財務的にみれば、株式の発行は株式が出ていき、お金が入ってきますが、金庫株の取得は逆にお金が出ていき、株式が入ってきます。

　つまり金庫株の取得は、株式の発行と真逆の行為であると考えればわかりやすいと思います。

2 なぜ「いま」金庫株なのか ——金庫株ブームの背景

　金庫株の利用はまず米国で発達し、それが日本に輸入されてきました。

　この分野で日本は米国よりも20年ぐらい遅れているのですが、現在は徐々に追いついてきている状況です。

　このため、いまこれを研究していただければ10年先、20年先にはその知識がさまざまな場面でおおいに役立つことが期待できます。

(1) 上場会社では、株価対策として活用されている

　上場会社における金庫株は、基本的には証券市場における株式の需給を引き締める目的で行われています。

　たとえば会社が自社株式を割安と判断した場合には、会社自身が自社株式を取得することで株価の下落を防いでいます。

　つまり会社自身が自社株式の需要側に立つことで、株式の需給バランスに影響を与えることができるわけです。

　金庫株の取得は、会社はいまの株価は割安であるとみているというサインであるわけです。

　特に株価純資産倍率（株価÷１株当り純資産。PBR（プライス・ブックバリュー・レシオ）といいます）が１倍未満の場合に

は、株式を1株当り純資産よりも低い価額で買い取ることで、証券市場で流通している残りの株式の1株当り純資産を高めることができます。

これにより他の株主にとっては、自分が所有している株式の価値が上昇することになります。

この金庫株を活用した株価対策は、一昔前までは株価操縦の疑いありとして忌避されていたのですが、最近では株価操縦ではないとして、会社法や他の法律上の制約もなくなり、上場会社においては金庫株の取得が株価対策として当たり前のように行われています。

なお、2019年は日本の上場会社による自社株買いの公表額は約3兆円に達していましたが、2020年は新型コロナウイルスによる経済活動の停滞から、上場会社においても不測の事態に備えるための手元資金確保の動きが鮮明になり、金庫株の取得は急速に減少しています。

(2) 非上場会社では、相続税の納税資金対策として活用されている

一方、非上場会社では、オーナー社長の死去に伴う相続時に、金融資産をもたない相続人が、相続した自社株式を会社に譲渡することで、会社から金銭を受け取り、その金銭を相続税の納税資金に充てる方法が一般的になりました。

さらに非上場会社では、相続税の納税資金対策以外にも、次にあるような数々の目的で金庫株が活用されています。

3 金庫株に対する ニーズの多様化

　特に最近では、非上場会社における金庫株に対するニーズが多様化しており、相続税の納税資金対策だけでなく、自社株式の分散防止対策、種類株式と組み合わせた対策、会社財産を利用した遺産分割対策、少数株主を減らす対策、少数株主への利益還元対策、さらには資金運用対策および組織再編対策など、さまざまな対策に活用されています（詳しくは後述）。

　さらに現在も次から次へと新しい活用方法が開発されており、その革新のスピードは加速しています。

非上場会社と上場会社の金庫株の取扱い

(1) 会計上（会社法上）の取扱い

　金庫株を取得する会社側の会計処理は、非上場会社と上場会社とで異なる点はなく、金庫株を取得価額で評価し、自己株式として貸借対照表の純資産の部の株主資本の末尾でマイナス表示します。

　これは金庫株の取得が株式発行の逆であり、株主資本を直接減らす資本取引（資本を直接増減させ、損益に影響を与えない取引）であるという考え方によります。

金庫株取得時の会計上（会社法上）の仕訳

（借）　自己株式　×××		（貸）　現金預金　×××		

(2) 税務上の取扱い

　一方、税務上の取扱いは、非上場会社と上場会社とでは異なります。

　非上場会社の株式を会社自身が取得し、金庫株とする際は、会社側は原則として株主からの購入金額と、その株式に対応する資本金等の額との差額を「みなし配当」として取り扱い、利益積立金額を減少させます（法人税法施行令9条1項14号）。

つまりこの部分は税務上、株主への配当金の支払と考えています。

　その株式に対応する資本金等の額を超える支払については、株主への利益の分配と考えているためです。

　同時にその株式に対応する資本金等の額を減額させて、あたかも減資があったように取り扱います。

金庫株取得時の税務上の仕訳

（借）　資本金等の額　×××	（貸）　現金預金　×××		
利益積立金額　×××			

　一方で、株主側は、受取配当金を計上するとともに、株式の帳簿価額とその株式に対応する資本金等の額との差額を譲渡損益として取り扱います。

　なお、非上場会社における相続時の金庫株の取得に際して、一定の要件を満たす場合には売主にとって高税率の総合課税の対象となる「みなし配当課税」（※1）を行わず、低税率の譲渡益課税（※2）のみとするなど、税制上の各種の優遇措置が用意されています（詳しくは後述）。

　これに関連して、上場会社株式について金庫株制度を使う場合は、株式を売却する株主にとって低税率となる譲渡益課税（※2）のみであり、みなし配当課税は行われません。

　一方、取得する側である上場会社が金庫株を取得した場合も同様に、みなし配当としての取扱いはありません。

※1　非上場会社において、現在の株主が当初の株主が出資した金額を超える額で株式発行会社に自社株式を譲渡した場合（金庫株制度を利用する場合）は、その超えた部分について配当金として取り扱い、最高で49.44％（復興特別所得税、住民税を含み、配当控除を考慮）の税率となる総合課税が適用されます（所得税法25条1項5号）。

　　一方でこれがあるために金庫株の制度の普及が妨げられているという批判から、相続人からの金庫株の取得など一定の場合は「みなし配当」としない取扱いがなされています。

※2　「みなし配当」がない場合は、通常の株式の譲渡益課税となり、税率は20.315％（復興特別所得税を考慮）の申告分離課税となります。

5 海外における金庫株事情

　たとえば米国では、タバコ会社最大手のフィリップモリス、スターバックス、マクドナルドのような大企業が、金庫株の取得によって多額の純資産（自己資本）のマイナスを計上した結果、数千億円規模の債務超過（貸借対照表の資産から負債を差し引いた純資産がマイナスになっている状態）になっている例が、決して珍しくありません。

　ちなみに、全米で債務超過額が最も大きい会社は上述のフィリップモリスで、その額は1兆円を超えています（2020年3月19日、出典：ダイヤモンドオンライン）。

　こういった会社では、金庫株を取得する資金を得るために多額の社債を発行していることが多く、一見したところ負債過多かつ債務超過であるため、財務的に破綻した会社のようにみえることがあります。

　意図的にそのような状態にしているのであり、実質的には優良会社であるケースも多いわけです。

　ただ、米国でも金庫株取得による多額の債務超過は「やり過ぎ」との批判があり、金庫株を活用した株価維持対策は、徐々にその効力が薄れているようです。

　さらに米国は、新型コロナウイルスの感染拡大を受けた政府による経済対策で、会社の資金繰り支援の条件に、金庫株の取

得を禁止する条項を盛り込むことになりました。

　金庫株の取得は、キャッシュフローを用いた、株主への利益還元です。会社の経営支援のための資金が、このようなかたちで株主へ流れないように規制するためです。

　前述のとおり、金庫株の取得は株式発行の逆であるため、これを純資産（自己資本）の減少として取り扱う点は日本でも米国と同じです。しかし、日本では会社法の規制に基づく取得金額の上限があることにより、金庫株の取得によって純資産（自己資本）がマイナスになるようなことはありません。

　純資産を超えて金庫株を取得することは、純資産を超えて株主への利益還元を行うことと考えられるためです。

　その意味では、米国のほうが金庫株制度活用における自由度が高く、ほとんど「何でもあり」であるわけです。個人的には、金庫株の取得額について、日本のように一定の歯止めをかけたほうがよいように思います。

6 金庫株の限界と問題点

　さまざまな金庫株の活用方法が考案されるにつれて、その限界や問題点も浮き彫りになってきています。

　この点に関しては、上場会社に顕著に表れてきています。

　たとえば上場会社では、金庫株を取得する旨の公表があるだけで株価が急騰することが当たり前のようになっています。

　まだ金庫株取得を実行していなくても、これから金庫株の取得を行うという発表により、株価を引き上げる効果（株価に与える心理面でのアナウンスメント効果）があるわけです。

　このように株式に対する需要の急増による一種のカンフル剤的な活用がなされているため、会社自身である程度自社の株価をコントロールすることができるようになってしまっています。

　さらに上場会社では、金庫株を多額・多量に取得した結果、会社のいちばんの大株主（筆頭株主）が会社自身であるという、笑えない状況にある会社も存在しています。

　非上場会社では金庫株の活用による弊害は特にないのですが、上場会社ではこのように、株価に与える影響や会社のガバナンスに与える副作用が強く懸念されています。

　また日本でもコロナ禍により、今後の企業業績が先行き不透明になったため、上場会社においても手元資金確保の観点から、自社株買いが急速に落ち込んでいます。

会社法での取扱い

(1) 金庫株を買い取る際の必要条件

　金庫株の買取り時の取得価額の総額は、上場会社・非上場会社ともに分配可能額を超えないこととされています（会社法461条）。

　さらに金庫株取得により資産から負債を差し引いた差額である純資産が300万円を下回るようになる場合は金庫株の取得はできません（会社法458条）。

　この300万円は、旧有限会社の最低資本金が300万円であったことからきており、法人としては300万円くらいの純資産は、最低限必要であるという考え方によります。

　これらはいわゆる財源規制といわれるもので、会社法上の資本充実・維持の原則から要請されたものです。

　これは金庫株の取得を通じてむやみに会社の純資産を減らすことは、資本の減少を通じて会社の存続基盤を危うくするものであり、株主への支払は一定限度内にとどめるべきであるという考え方によります。

　このように会社法が金庫株の買取りについて分配可能額の範囲内としたのは、金庫株の取得は「剰余金の分配」として、配当金と同様に株主に対してキャッシュフローで利益還元するも

のと考えているためです。

　剰余金の配当と金庫株の取得をあわせて「剰余金の分配」というのですが、剰余金の分配額÷当期純利益の比率は総分配性向（総配分性向）と呼ばれ、株主に対する利益還元率を表すものとしてさまざまなかたちで活用されています。

(2)　分配可能額とは

　分配可能額を大雑把に理解するには、貸借対照表の純資産の部における株主資本から、資本金と法定準備金（会社法で定められた準備金で、資本準備金と利益準備金があります）を差し引いたものとして理解するのがわかりやすいでしょう。

　貸借対照表の純資産の部は以下のようになっているため、具体的には「その他資本剰余金」と「その他利益剰余金」の合計額になります。

会社法の条文上の株主資本の分類

```
純資産の部
　Ｉ　株主資本
　　　　資本金
　　　　準備金（＝法定準備金＝資本準備金＋利益準備金）
　　　　剰余金（＝その他資本剰余金　｜
　　　　　　　　　　＋その他利益剰余金）｜　ここが、
　　　　　　　　　　　　　　　　　　　　　　｜　分配可能額
　　　　自己株式（▲）　　　　　　　　　　　｜
```

　さらに自己株式（▲）は分配ずみの金額ですので、これをマ

イナスすることになります。

　結論的には、分配可能額は「その他資本剰余金」と「その他利益剰余金」の合計額（これを会社法の「条文上の剰余金」といいます）から自己株式を差し引いた額になります（会社法461条1項）。

　これが十分にないと金庫株の取得はできませんのでご注意ください。

(3)　会社法上の手続

　金庫株を取得するために満たすべき会社法上の要件として、前述の分配可能額の範囲内であること以外にも、**適切な機関での機関決定が必要です。**

　非上場会社で金庫株を有償取得する場合の機関決定の手続は、原則的には下記の①以下のようになります。

　実務的には、会社に対して第三者への譲渡の承認を請求する手続（譲渡制限株式（※1）について、会社が譲渡承認をしなかった場合の、譲渡承認請求株主からの会社での買取り。第Ⅳ章、第Ⅴ章参照）が便利ですので、実際に金庫株の取得を行う際にはこちらをご参考にしてください。

①　株主総会の普通決議（※2）により、「有償取得する株式の種類と数」、「株式を取得するのと引き換えに交付する金銭等の内容と総額」、「1年を超えない範囲内の取得期間」を決議し、取締役（取締役会を設置している会社では取締役会、以下同じ）に対して、金庫株の取得の権限を与えます。

会社法では、臨時株主総会、かつ、原則として普通決議での金庫株の取得が可能になっていて、比較的容易に取得ができます。

　これに対して、たとえばＡさんから株式を取得するというように、特定の者からの金庫株の取得は、株主総会の特別決議（※3）が必要になります。

② 　①の株主総会の普通決議では、譲渡人となる株主を特定することができます（会社法160条）。

　この場合には、会社はあらかじめ他の株主に、会社に対して株式の買取請求ができる旨を通知しなければなりません。

　これを受けて他の株主は、譲渡人となる株主に自分を加えることを、株主総会の議案とするよう、請求することができます。

　これは他の株主の追加売却請求権を認める規定であり、株主平等の原則により、ある株主が会社に株式を譲渡する際には、すべての株主に平等になるように、株式の譲渡を行う機会を与えることを意図したものです。

　なお、追加売却請求権は定款の規定により排除できるのですが、そのための定款変更の際には、株主総会の特別決議では足りず、株主全員の同意が必要となります。

⑷　金庫株取得手続のまとめ

　会社自身による自社株式の買取りの際には株主総会決議を行うため、その議事録が必要となります。さらに株式譲渡制限会

社（定款ですべての株式の譲渡について、会社の承認が必要と規定されている会社）では、所定の機関で譲渡の承認を行うことが必要となります。

この承認を受けたことを明らかにするため、株式の譲渡契約書の作成とあわせて取締役会議事録（取締役会設置会社の場合）、または株主総会議事録（取締役会非設置会社の場合）を作成することになります。

これに加えて、株式の買取りに関する資金移動の証拠を預金通帳に残す必要があります。

現金での決済は事後的な証明がむずかしいため、必ず金融機関の預金口座を通した取引にしてください。

そのほかにも、譲渡後に株主名簿と株主総会決議に係る商業登記に必要となる株主リストを書き換えることや、法人税納税申告書別表二（同族会社等の判定に関する明細書）の記載も書き換えることに注意してください。

これらはすべて第三者（国税当局や利害が対立する親族等）への対抗要件として必要となるものです。

(5) 債務超過会社に対する配慮

会社が実質債務超過である場合には、株価を純資産価額で評価した金額はゼロになります。

しかし大株主である社長が少数株主に向かって、「その株式には価値がないからただで譲ってほしい」といっても、話がスムーズにまとまらない場合がほとんどです。

逆に、社長が少数株主から株式の価値をゼロにした責任を問われてしまい、問題を大きくするだけです。

一般的に、優良な同族会社の経営をめぐる争いは熾烈なものがあり、どういうわけか筆者はこれに巻き込まれることが多いこともあり、いかにして少数株主を説得するかに常日頃から腐心しています。

逆に業績の悪い会社は、もともと争いの対象となる利益がないため、人間関係はサッパリしていることが多いように思います。

少数株主から金庫株を買い取る際の筆者の提案としては、配当還元価額（※4）での金庫株の買取りをお勧めしています。

配当還元価額であれば、仮に配当がゼロであっても、株式の(旧)額面金額の半額で評価されるため、評価額はゼロにはなりません。

この方法でうまく話をまとめることができれば、ベストであると思います。

◆コラム◆金庫株の取得における生命保険の活用

非上場会社では、金庫株の取得は生命保険の活用とセットで考えると、非常にうまくいきます。

金庫株を取得するには、貸借対照表における分配可能額だけではなく、それを取得するための現金預金が必要です。

借金をしてその資金で金庫株を取得してもよいのですが、それでは負債が増えて純資産が減るため、財務内容が

悪くなってしまいます。

　相続・事業承継の際に会社に分配可能額と現金預金を同時にもたせる方法としては、会社でオーナー経営者の死亡保険を掛けておくことが考えられます。

　具体的には、オーナー経営者を被保険者、会社を契約者として生命保険を掛けておき、オーナー経営者の死亡時に会社が受取保険金を受け取ります。

　この受取保険金を原資として、通常は役員の死亡退職金が支払われるのですが、その支払額よりも受取保険金を多額に設定すれば、損益計算書の当期純利益を増やすことができるため、結果的には貸借対照表における分配可能額を増やすことができます。

　しかも受取保険金は現金預金で受け取ることができるので、役員退職金の支払原資となるだけではなく、金庫株の取得原資にもなります。

　このように役員退職金の支給と金庫株の取得、さらには生命保険の活用をセットで考えると非常にうまくいきます。

　さらに、金庫株の取得により相続人の相続税の納税資金となるので、相続人は役員退職金として支払われた現金預金の相続と、自社株式の売却により取得した現金預金の両方で金融資産がつくれます。

　このように生命保険の活用は、貸借対照表の借方の現金預金と貸方の分配可能額を同時に増やす手段としては、最適なものといえるでしょう。

⑹　金庫株の処分（売却）

　ここまでみてきたように、財務的にいって金庫株の取得は株式発行の逆でしたが、これに対してこれから説明する金庫株の処分は、株式発行と同じになります。

　金庫株を処分すれば、株式が出ていき、お金が入ってくるためです。

　すなわち、金庫株の処分は、会社法上は募集株式の発行として、新株発行と同様の手続となります（会社法199条1項）。

　非上場会社のうち株式譲渡制限会社（※5）での募集事項の決定は、原則として株主総会の特別決議によることになりますが（会社法199条2項、309条2項5号）、その場合に株主総会の特別決議によって、募集事項の決定権を取締役（取締役会設置会社では取締役会）に委任することができます（会社法200条1項、309条2項5号）。

　ここで、取締役会を設置していない会社である場合には、定款に別段の定めがある場合を除き、取締役の過半数をもって決定します（会社法348条2項）。

　なお公開会社（株式譲渡制限会社以外の会社をいいます）では、原則として取締役会決議で募集事項の決定を行います（会社法201条1項）。

　募集事項の内容としては、募集株式の数、1株当りの払込金額（またはその算定方法）などですが、会社法では金庫株の処分においても現物出資が可能となっています（会社法199条1項

2号）。

金庫株処分の会計処理としては、金庫株の取得価額と処分価額の差額を自己株式処分差損益（これは損益計算書ではなく、貸借対照表の純資産の部の「その他資本剰余金」に記載されます）で処理します。なお、その結果として「その他資本剰余金」がマイナスとなる場合には、そのマイナス部分を「その他利益剰余金」からマイナスします。

(7) 金庫株の消却

金庫株の消却とは、金庫株自体をなくしてしまう行為をいいます。

金庫株を取得した時点で、議決権も配当請求権もなくなっているため、実質的には金庫株はなくなったのと同じなのですが、法律上もなくしてしまうのが消却です。

たとえば上場会社での金庫株は、それが処分（売却）されると1株当りの利益が減少（希薄化といいます）するため、消却することによって希薄化リスクをなくすことができます。

金庫株の消却は、取締役（取締役会設置会社では取締役会）が消却する株式および数を定めて消却します（会社法178条2項、348条2項）。

この場合、取締役会を設置している会社では取締役会の決議、取締役会を設置していない会社では、定款に別段の定めがある場合を除き、取締役の過半数をもって決定します（会社法348条2項）。

消却の際に資本金を減少させることも可能ですが、その場合は減資の手続が必要になりますので、株主総会の特別決議（会社法447条1項、309条2項9号）と、債権者保護手続（※6）（会社法449条1項）を必要とします。

　なお、減資の場合の公告は、官報によることが必要です。

　金庫株の消却を行う際の、非上場会社における実務上の留意点としては、取締役（取締役会設置会社では取締役会）の議事録の作成、減資の場合はさらに株主総会議事録の作成があげられます。

※1　株式の譲渡について、会社の承認を必要とする株式です。
※2　議決権を行使することができる株主の議決権の過半数を有する株主が出席し（定足数といいます。定款で要件の引下げができます）、出席した株主の議決権の過半数で決議する方法です（会社法309条1項）。
※3　議決権を行使することができる株主の議決権の過半数を有する株主が出席し（これも定足数です。定款で過半数を3分の1まで引下げができます）、出席した株主の議決権の3分の2以上に当たる多数決で決議する方法です（会社法309条2項）。
※4　配当金額から逆算して株式の評価額を求める方法です。原則として、配当金額÷資本還元率10％で株式の評価額を計算しますが、最低評価額は（旧）額面金額の半額になります。この配当還元価額は少数株主にとっての株式の時価と考えられています。
※5　その会社のすべての株式について、譲渡による株式の取得について会社の承認を要する旨の定款の定めを設けている会社です。
※6　債権者に対して異議を申し立てることのできる旨と直近の貸借対照表の公告媒体、またはネット上のアドレスを公告および

催告し、異議を申し立てた債権者には弁済、担保提供等を行うことをいいます。

　この公告は官報または日刊新聞紙において行い、催告は知れたる債権者に対して個別に通知します。

金庫株の活用方法と
ケース・スタディ

1 金庫株を使った相続税対策

　非上場会社において、金庫株がいちばん役に立つのは相続・事業承継の際の相続税の納税資金対策です。

　特に、相続税の納税資金対策としては、これ以上のものはないばかりか、すべての利害関係者を満足させる効果まであります。

非上場会社の金庫株

➡ いちばん役に立つのは相続・事業承継の際の相続税の納税資金対策

➡ すべての利害関係者を満足させる効果

　金庫株の活用方法としては、非上場会社の株式を相続した相続人の、相続税の資金不足を解消する手段として活用されているのが最も一般的ですが、実はこれだけではなく、さまざまな活用方法がありますので、ここでまとめてご紹介していきたいと思います。

　筆者には金庫株はまるで「魔法の杖」のように思えます。

　株式をめぐるトラブルのほとんどは、金庫株を活用すれば解決することができますし、それでもダメな場合は種類株を活用すると何とかなります。

金融機関の職員が中小企業の相続・事業承継対策のアドバイスを行う際には、多くの場合、会社のオーナー経営者からの依頼に基づきます。

　これにより金融機関職員は、依頼者であるオーナーとその親族の利益を図り、結果として他の少数株主からはあまりよく思われなくなることが多いのですが、金庫株を活用した事業承継対策の場合は、その心配がいりません。

　これは、金庫株がこの制度を活用するすべての利害関係者に、恩恵と満足をもたらすからでしょう。

　すなわち会社が金庫株を使うことで損をしたり、不利な立場になる人が出たりしないのが、この制度を活用する最大のメリットです。

　金庫株はこれを活用しても誰からも恨まれることはなく、むしろすべての人から感謝されることが多いのが、私が金庫株をお勧めする理由です。

金庫株はすべての利害関係者に、恩恵と満足をもたらす

　➡️　損をしたり、不利な立場になる人がいない

　➡️　すべての人から感謝されることが多い

---

(1)　相続税の納税資金対策

　相続税の納税資金対策として、金庫株は非常にうまく機能します。

金庫株を活用した事業承継における相続税の納税資金対策は、いまでは一般的となっており、相続税の納税のあるケースのおおよそ半数の会社でこの手法が活用されています。

オーナー社長の死去により相続が発生した場合、会社に手元資金があっても、それは会社の財産であり社長の個人財産ではないため、すぐに相続人の相続税の納税資金になるわけではありません。

手順としてはまず相続人が相続により自社株式を取得し、これを会社に売却し、会社が金庫株として取得することで相続人にその売却代金が手渡され、その金銭が相続人の相続税の納税資金になります。

相続人が相続により自社株式を取得

➡ これを会社に売却

➡ 会社が金庫株として取得

➡ 相続人にその売却代金が手渡される

➡ その金銭が相続人の相続税の納税資金になる

通常、非上場会社のオーナー社長の死去により相続人が受け取る相続財産は、非上場の自社株式と、自宅や会社社屋の敷地となっている不動産が大部分であり、逆に現金預金はかなり限られています。

社長は会社と心理的に一体となっているため、社長自身は会社の財産と自分の個人財産をはっきりと区別して認識していな

いことが多いのですが、相続が発生するとその違いが大きくク
ローズアップされます。

　相続人が支払う相続税の納税資金まで考えて、しっかりと現
金預金を用意して亡くなる（ような素晴らしい）社長はほとん
どいません。

　不動産の相続に伴う相続税の納税資金については、居住用宅
地等の評価減の特例等を使えば相続税評価額を大幅に引き下げ
ることができるため、相続税の納税資金に関してあまり心配す
る必要はありません。

　一方、取引相場のない自社株式については、さまざまな要件
が必要となる相続税の納税猶予の制度以外にそういった制度も
なく、現実には当事者が驚くような高額の評価額となること
で、相続税の納税資金が不足するケースがよくあります。

不動産の相続に伴う相続税の納税資金

➡ 居住用宅地等の評価減の特例等の適用

➡ 相続税評価額を大幅に引き下げることができる

➡ 相続税の納税資金に関してあまり心配いらない

取引相場のない自社株式

➡ 当事者が驚くような高額の評価額となる

➡ 相続税の納税資金が不足するケースが多い

　相続税の納税猶予制度については特例が生まれており、使い
勝手はよくなったのですが、途中で制度の利用をやめたりする

と一時に多額の相続税負担が生まれるため、なかなか踏ん切りがつかず、制度利用の届出はしたものの実際の利用について、躊躇されている方は多いようです。

　しかも非上場会社の株式は、相続税評価額の高さとは裏腹に、換金性・流通性がほとんどなく、第三者に売却しようとしても買い手がつかないケースが大部分です。

　ちなみに金融機関が非上場会社株式の担保価値を評価する場合、一般的にはゼロ円の評価になります。

　金融機関が非上場会社の株式をもったとしても（実際には５％を超えてはもてないのですが）、まったく意味がなく、利用の仕方がないからです。

非上場会社の株式

➡ 相続税評価額の高さとは裏腹に換金性・流通性がほとんどない

➡ 第三者に売却しようとしても買い手がつかない

金融機関が非上場会社株式の担保価値を評価する場合

➡ 一般的にはゼロ円の評価

➡ 金融機関が非上場会社株式をもっても利用の仕方がない

　その場合に相続人が自社株式を株式発行会社に譲渡して、会社がこれを金庫株とすれば、自社株式が換金されて、会社への売却代金が相続税の納税資金となるだけでなく、会社にとって

も相続に伴う株式の分散を防止することができます。

> **相続人が自社株式を株式発行会社に譲渡**
> - ➡ 会社が金庫株として保有
> - ➡ 売却代金が相続税の納税資金となる
> - ➡ 会社にとっても相続に伴う株式の分散を防止できる

　実際に相続時に株式の分散防止策を行ったかどうかによって、その後の会社経営には雲泥の差が生まれます。

　会社が自社株式を金庫株とすることで、その株式の株主総会における議決権や会社に対する配当請求権が停止するため、形式上株式は存在するものの、実質的には株式を消却したのと同じ状態になることで、会社の経営の安定化に非常に役立ちます。

> **会社が自社株式を金庫株とする**
> - ➡ 株主総会における議決権や会社に対する配当請求権が停止
> - ➡ 実質的には株式を消却したのと同じ状態になる
> - ➡ 会社の経営の安定化に役立つ

　なお、相続時に会社が相続人から自社株式を買い取ることで金庫株制度を活用する方法以外にも、オーナー社長が生前に自

社株式を会社に譲渡することで、自社株式を一部換金化し、将来生じるであろう相続税の納税資金をオーナー個人の財産としてあらかじめ用意しておく方法もあります（P.187以下特論参照）。

オーナー社長が生前に自社株式を会社に譲渡

➡️ 自社株式を一部換金化

➡️ 相続税の納税資金を個人の財産として用意しておく

　この場合はみなし配当が生じるのですが、株価の引下げ対策（P.188参照）を行うことでみなし配当を抑制し、これに伴う譲渡金額の減少分は株数で調整することで解決可能ですし、複数年に分けて行えばみなし配当の高税率が回避できます。

　それでも多額のみなし配当が生じる場合には、オーナー社長が保有している財産のうち、含み損をもっている財産（ゴルフ会員権等を除く）を同時に売却することで、みなし配当と財産の譲渡損との損益通算が可能となり、合法的に節税することができます。

オーナー社長が自社株式を会社に譲渡する場合に生じるみなし配当

➡️ 株価の引下げ対策を行うことでみなし配当を抑制

➡️ 譲渡金額の減少分は株数で調整

⟹	複数年に分けて行う
⟹	高税率が回避できる

それでも多額のみなし配当が生じる場合

⟹	含み損をもっている財産（ゴルフ会員権等を除く）を売却
⟹	みなし配当と財産の譲渡損との損益通算が可能

　実際にこの方法は経営者に好評を博しているのですが、それはオーナー社長が生前に多額の現金預金を手に入れる方法として、この方法が現実的・合理的であるからです。

　実はオーナー社長も生前に億単位のお金を手にしてみたいのですが（豪遊すればすぐになくなるかもしれませんが）、役員退職金以外にまとまったお金を手にする方法はなかなかないのが現実です。

　「それでは会社を退職すればいいのでは」というのは外部の人の意見で、会社と精神的にも物理的にも一体となっているオーナー社長としては無理な話です。

　オーナー社長の自社株式を会社で買い取れば、会社のお金が個人のお金になるのですから、「これを利用して一生に一度くらいいい思いをしてみたい」というのが本音です。

　しかも相続対策の一環として行えば大義名分が立つため、そこをわかってあげてほしいと思います。

自社株式を会社で買い取る（金庫株制度の活用）

➡ 会社のお金が個人のお金になる

➡ これを利用していい思いをしてみたい

➡ 相続対策の一環として行えば大義名分が立つ

(2) 金庫株を活用した株式の集中時の課税関係

　一度分散した自社株式を再度会社へ集中させるのは、新たに株式の分散を防止する以上にむずかしいものです。ある株主が株式の売却を希望する場合、相続時に限らず、会社自身がその自社株式を買い取るのがいちばん間違いなく、かつ合理的な方法です。

　少数株主から大株主である社長個人で株式を買い取ることもできるのですが、大株主である社長が少数株主にとっての時価である配当還元価額（比較的低額の評価になります）で買い取った場合、社長にとっての株式の適正な時価は原則的評価額（非常に高額な評価になります）になることから、みなし贈与になる結果、社長個人に多額の贈与税が発生するため（※1　相続税法7条　当事者間のみなし贈与）、その心配のない会社自身で買い取るほうが節税になります。

　これは会社自身で買い取った場合は資本等取引として、会社に利益が生じないからです。

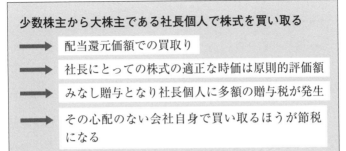

少数株主から大株主である社長個人で株式を買い取る

➡ 配当還元価額での買取り

➡ 社長にとっての株式の適正な時価は原則的評価額

➡ みなし贈与となり社長個人に多額の贈与税が発生

➡ その心配のない会社自身で買い取るほうが節税になる

　なお、少数株主である個人から株式発行会社へ当該会社の株式を少数株主にとっての時価である配当還元価額で譲渡した場合（金庫株制度を活用する場合）は、これが資本等取引であることから買い手である会社側での受贈益の計上がないだけでなく、株式の売り手側の個人は自分の適正な時価で譲渡しているため、「著しく低い価額」での譲渡には該当しません。

　したがってみなし譲渡課税（※2）は行われず（所得税法59条1項2号）、さらに買い手である会社の他の株主への、みなし贈与課税（※3　相続税法9条）もないことになります。

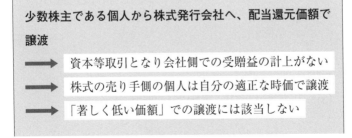

少数株主である個人から株式発行会社へ、配当還元価額で譲渡

➡ 資本等取引となり会社側での受贈益の計上がない

➡ 株式の売り手側の個人は自分の適正な時価で譲渡

➡ 「著しく低い価額」での譲渡には該当しない

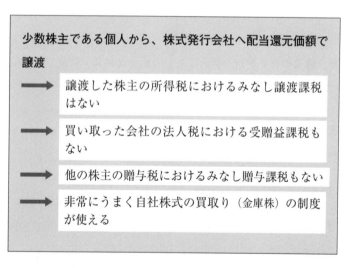

> → みなし譲渡課税は行われない
>
> → さらに買い手である会社の他の株主へのみなし
> 贈与課税もない

　この場合には、譲渡した株主の所得税におけるみなし譲渡課税、買い取った会社の法人税における受贈益課税、および他の株主の贈与税におけるみなし贈与課税の３つの課税がすべてないことになり、非常にうまく自社株式の買取り（金庫株）の制度が使えることになります。

> **少数株主である個人から、株式発行会社へ配当還元価額で譲渡**
>
> → 譲渡した株主の所得税におけるみなし譲渡課税はない
>
> → 買い取った会社の法人税における受贈益課税もない
>
> → 他の株主の贈与税におけるみなし贈与課税もない
>
> → 非常にうまく自社株式の買取り（金庫株）の制度が使える

(3)　相続時における金庫株制度

　さらに、相続時における金庫株制度については、会社法だけ

ではなく税法も金庫株の取得を支援しており、非上場会社における相続人からの金庫株の取得に際して、一定の要件を満たす場合には、最高税率が50％近い総合課税の対象となる「みなし配当課税」（※4）を行わず、低税率の譲渡益課税（※5）のみとするなど、税制上の各種の優遇措置が用意されています。

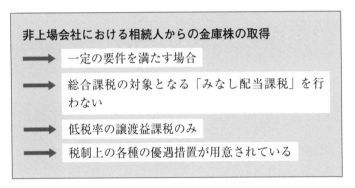

非上場会社における相続人からの金庫株の取得

→ 一定の要件を満たす場合

→ 総合課税の対象となる「みなし配当課税」を行わない

→ 低税率の譲渡益課税のみ

→ 税制上の各種の優遇措置が用意されている

　非上場会社株式の株式発行会社に対する譲渡に関して、相続人となる株主に株式の譲渡に係る利益に対して50％近い税率となることをお話しすると、驚いて尻込みされる方も多いのですが、逆に20％程度の税率ですむ方法をお知らせすると、多くの方が同意されます。

　このあたりの実務感覚から、税制上の優遇措置が生まれたのであろうと思います。

　筆者が金庫株の本を初めて出版したのは平成15年なのですが、当時は「金庫株なんて知らない」という方も多く、正直なところ相続税の納税資金対策としての金庫株の活用が、これほどまでに普及するとは思っていませんでした。

しかしいまでは、中小企業の自社株式の相続に際して、金庫株制度を活用して株式を換金化するのが当たり前になっているようです。

中小企業の自社株式の相続時

➡️ 金庫株制度を活用して株式を換金化するのが当たり前に

ケース・スタディ①

　当社は戦前に設立された不動産賃貸会社ですが、社長が急に亡くなり、相続が発生しました。

　社長は60歳で死去されたため、相続や事業承継対策はまったく行っておらず、当然ですが相続に際しての相続税の納税資金対策も行っていませんでした。

　社長の個人財産は主に自社株式と自宅の不動産（土地、建物）であり、数億円にのぼる多額の相続税に対して現金預金は数千万円しかありませんでした。

　一方、会社には多くの賃貸用不動産以外にも数億円の現金預金があったため、これを利用した相続税の納税資金対策を実行しました。

　相続人は社長の配偶者と息子2人、娘1人で、相続財産の分割に際して自宅は配偶者が相続し、自社株式は3人の子供が相続することになりました。

　配偶者については、相続税法に規定されている配偶者の税額軽減制度を利用することで、相続税をゼロにすることができま

した。

　3人の子供は相続により取得した自社株式を当社に譲渡し、当社がこれを金庫株とすることで、相続税の納税資金に充てることができました。

　なお次男と長女は相続したすべての自社株式を当社に譲渡しましたが、後継者となる長男は相続税の納税資金相当額の自社株式を当社に譲渡するにとどめ、当社を支配できる株式数を確保するようにしました。

　会社法では、会社が合併や相続等の一般承継により自社株式を取得した株主から、株主と合意のうえ取得する場合には、特定の場合における手続の特例が認められています（会社法162条、後述）。

　また、この特例を利用する場合には、他の株主の追加の売却請求を受けずに自社株式を取得することができるため、これを利用しました。

　さらに次の税制特例を利用して高税率となるみなし配当もナシにできました。

　具体的には、相続等により取得した非上場株式を譲渡する場合、相続または遺贈により財産を取得した個人で相続税が発生している者が、その相続または遺贈があった日の翌日からその相続税の申告書の提出期限の翌日以後3年を経過する日までの間に、その相続税額に係る課税価格の計算の基礎に算入された非上場株式をその発行会社に譲渡した場合（つまり金庫株制度を活用する場合）には、みなし配当課税は行わず譲渡益課税のみとされ、さらに譲渡益課税については相続税額を取得費に加算できる（したがって譲渡益を圧縮できる）特例が認められていますので、譲渡益の圧縮までできました（租税特別措置法9条の7、39条）。

　会社法上の特例とこれらの税制特例をあわせて利用すること

で、大幅な節税が可能になっただけでなく、遺産分割の問題と相続税の納税資金の問題を同時に解決することができました。

※1　相続税法7条の規定による当事者間のみなし贈与です。個人から他の個人へ、時価よりも著しく低い価額で資産を譲渡した場合、時価と譲渡価額との差額は贈与されたとみなします。

※2　所得税法59条の規定によるみなし譲渡です。個人から法人へ、時価よりも著しく低い価額で資産が譲渡された場合、時価による譲渡が行われたとみなされ、譲渡益が認定されます。

※3　相続税法9条の規定による第三者に対するみなし贈与です。株主が会社に時価よりも著しく低い価額で資産を譲渡した場合、会社が得をすることで受贈益を計上することになり、純資産の増加を通じて他の株式の1株当り純資産が増加する結果、譲渡した株主から他の株主への贈与があったとみなされます。

※4　当初の株主が出資した金額を超える額で、株式発行会社に自社株式を売却した場合（金庫株制度を活用する場合）は、その超えた部分について、配当金とみなし、最高で49.44％（復興特別所得税、住民税を含み、配当控除を考慮）の税率となる総合課税が適用されます。

※5　通常の株式の譲渡益課税となり、税率は20.315％（復興特別所得税を考慮）の申告分離課税となります。

2 自社株式の 分散防止対策

　金庫株は自社株式所有の分散を防止します。

　非上場会社において相続が繰り返された結果、自社株式が広範囲に分散しているケースは多いのですが、金庫株を使えばこれを食い止めることができます。

　株主のなかでも少数株主は相対的に大株主よりも力が弱いため、通常は取締役や監査役といった役員にはなれず、経営に対して影響力がほとんどないのが普通です。

金庫株は自社株式所有の分散を防止する

➡　非上場会社において自社株式が分散しているケースは多い

➡　金庫株を使えばこれを食い止めることができる

　したがって少数株主であるメリットは配当金くらいしかないのですが、株主総会は多数決で配当金の決議をするため、少数株主は配当金を自由に決められるわけではありません。

　一方で筆者の経験上、優良会社ほど利益の内部留保に努めるため、配当金の支払を渋ります。

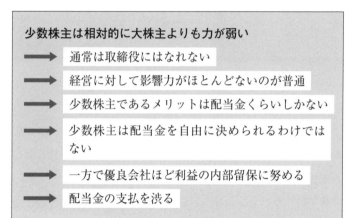

少数株主は相対的に大株主よりも力が弱い

➡ 通常は取締役にはなれない

➡ 経営に対して影響力がほとんどないのが普通

➡ 少数株主であるメリットは配当金くらいしかない

➡ 少数株主は配当金を自由に決められるわけではない

➡ 一方で優良会社ほど利益の内部留保に努める

➡ 配当金の支払を渋る

　これによって優良会社であればあるほど財務内容がよくなり、さらに優良会社になっていくのですが、少数株主はそれを傍からみているだけで、嬉しくもなんともないというのが本音です。

　少数株主にとって株式はいわゆる「画に描いた餅」の状態であり、少数株主の会社に対するフラストレーションは大株主の比ではありません。

　こういった事情から、少数株主が単独株主権や少数株主権などの各種の株主権を行使することによって会社経営が不安定になりやすく、これは株主だけでなく、会社にとっても不幸な状況です。

　その場合、すべてではありませんが、少数株主から会社自身が株式を買い取ることで、お互いに満足できるケースがあります。

少数株主にとって株式は「画に描いた餅」

➡ 少数株主のフラストレーションは大株主の比ではない

➡ 単独株主権や少数株主権を行使

➡ 会社経営が不安定になりやすい

➡ 少数株主から会社自身が株式を買い取る

➡ お互いに満足できるケースがある

　ここで仮に、個人である大株主が少数株主から配当還元価額（※1　比較的低額の評価額になります）で株式を買い取った場合、みなし贈与（※2　相続税法7条）による高税率課税が普通です。

　これは、大株主にとっての株式の時価が少数株主にとっての時価よりも高いため、大株主にとっては価値のある（高い）自社株式を、少数株主にとってはあまり価値のない（低い）価額で購入したことになるからです。

　ただし現金預金の贈与を受けたわけではないので、大株主にも贈与税を支払う資金力（担税力といいます）はなく、あまりうまくいきません。

大株主が少数株主から配当還元価額で株式を買い取った場合

➡ みなし贈与による高税率課税が普通

　一方で、株式発行会社自身が自社株式を買い取った場合（金庫株制度を活用する場合）は資本等取引（※3）となり、法人税の課税がありません。

　さらに通常、会社のほうが個人よりも資金力があるため、資金的な問題も起こりません。

株式発行会社自身が自社株式を買い取った場合

→ 資本等取引となり、法人税の課税がない

→ 資金力があるため、資金的な問題も起こらない

ケース・スタディ②

　当社の株主は相続が繰り返された結果、100名以上になっており、さらに今後、株主の相続が繰り返し進めば誰が株主であるのか、会社として把握できない状態になることが予想されていました。

　しかも、株主総会はいつも「荒れた総会」になりやすく、立って発言しようとする株主に座ってもらうだけで一苦労という状態でした。

　そこで株主関係を整理するため、会社から株主に対して、会

社への株式の売却を希望する者があれば、これに応じる旨の提案を行いました。

　売却価額が少額であれば揉め事になると思われたため、旧商法での額面金額のおおよそ10倍になる原則的評価額で買い取る旨の提案を行ったところ、そもそも経営に無関心な株主の多くが会社に対する株式の売却を希望しました。

　みなし配当が生じるのは仕方がなかったのですが、売却金額が大きい株主でも50万円未満の金額であったため、それほど抵抗はなかったようです。

　売却を希望する株主は会社が予想したよりもはるかに多く、金庫株の利用によって株主数が激減することで以後の会社経営は安定したものとなり、それまでのように株主総会で立って発言しようとする株主もいなくなり、経営陣の悩みの種であった株主総会対策も不要になりました。

※1　配当金額から逆算して株式の評価額を求める方法です。原則として、配当金額÷資本還元率10％で株式の評価額を計算します。この配当還元価額は少数株主にとっての株式の時価と考えられています。

※2　個人から他の個人へ、時価よりも著しく低い価額で株式が譲渡された場合は、時価と譲渡差額との差額について、売主から買主へと贈与されたとみなされ、買主に贈与税が課税されます（相続税法7条　みなし贈与）。

※3　増資や減資等のように資本等を直接増減させる取引であり、損益には影響しないことから、法人税の課税が生じません。

金庫株と種類株式との組合せ

　金庫株だけで問題を解決することがむずかしい場合には、さらに種類株式を組み合わせることで問題が解決できる場合があります。

　会社法では種類株式の拡充が行われたのですが、これは会社法における定款自治の原則の具体的な表れです。

　会社法109条１項では「株主平等の原則」を初めて明文化しました。

　ここでは、「株式会社は、株主を、その有する株式の内容及び数に応じて平等に取り扱わなければならない」としています。

　しかしこの原則は、株主をその有する株式の内容および数に応じて平等に取り扱うことを求めているだけで、逆にいえば内容の異なる種類株式の存在を認めているわけです。

　この種類株式の種類としては、会社法108条１項で、優先株式・劣後株式、議決権制限株式、譲渡制限株式、取得請求権付株式、取得条項付株式、全部取得条項付株式、拒否権付株式および役員選任権付株式をあげています。

　その内容は、以下のとおりです。

---

①　剰余金の配当（配当優先・配当劣後）

②　残余財産の分配（分配優先・分配劣後）

---

③　議決権を行使することができる事項（議決権制限）

④　譲渡による株式の取得について会社の承認を必要とすること（譲渡制限）

⑤　株主が会社に対して株式の取得を請求することができること（取得請求権）

⑥　会社が一定の事由が生じたことを条件として株式を取得できること（取得条項）

⑦　会社が株主総会の決議によってその種類株式の全部を取得すること（全部取得条項）

⑧　株主総会（取締役会を設置する会社は株主総会と取締役会）の決議事項のうち、株主総会決議に加えて種類株主総会の決議があることを必要とすること（拒否権）

⑨　種類株主総会において取締役または監査役を選任すること（役員選任権）

種類株式は薬に例えられます。

優先株式から取得請求権付株式までは漢方薬に近く、穏やかな効き目が期待できます。

一方、取得条項付株式からは劇薬に近く、これを使うと問題をさらに大きくするといった強い副作用も心配されます。

特に全部取得条項付株式は猛毒薬といえるでしょう。

種類株式はこれらを組み合わせて使うのがコツであり、会社の実情にあった組合せを提案することができるのが理想です。

種類株式は大根やネギ等の食材のようなもので、これをうまく組み合わせて味付けをすることができるわけです。

たとえば後継者以外の相続人に議決権制限株式（株主総会での議決権の一部または全部がない株式）を相続させる場合、その株式を配当優先株式（他の株主より優先的に配当を受けることができる株式）や取得請求権付株式（株主が会社に対して株式の取得を請求することができる株式）にしておけば、経営に参画できないという株主の不満を緩和し、金銭的な欲求を満足させることができます。

考え方としては、不利な面と有利な面をうまく組み合わせて、その当事者にとって有利になるような設計をするのがポイントです。

ケース・スタディ③

当社の社長は100％オーナー株主です。

社長は早くに妻を亡くし、男手１つで長男と長女を育て、長男は当社の専務取締役になっています。

社長は長男にオーナーの保有する株式のすべてを相続させようと考えましたが、もう１人の法定相続人である長女への遺産の配分が少なくなるため、遺留分も考慮して、長男に３分の２を、長女に３分の１を相続させることにしました。

長女は会社経営に興味を示してはいないものの、長女にも一定数の株式が相続されることで、長男の経営権が将来的に不安定になる可能性があると予想されました。

このため、長女には完全無議決権株式を相続させたいのですが、5％だけ相続税の評価額が安くなる程度では納得していない様子でした（※）。

　そこで、長女には完全無議決権株式であり、かつ取得請求権付株式である種類株式を与えて、株式を換金化する手段を提供しました。

　具体的には遺言書において、長女には完全無議決権株式である取得請求権付株式を相続させ、長男には議決権のある株式（普通株式）を相続させることにしました。

　この方針により、オーナー所有の株式の3分の1について完全無議決権株式である取得請求権付株式への転換を行い、これを長女に相続させ、長男には残りの議決権のある株式（普通株式）を相続させる旨の公正証書遺言を作成しています。

　相続税の評価額については、平成19年度税制改正によって明らかとなった議決権のない株式についての5％評価減のルールを適用し、その軽減部分は議決権のある株式（普通株式）を相続する長男が負担しました。

　なお、発行済株式総数は15万株、議決権を考慮しない1株当りの相続税評価額は類似業種比準価額で3,000円です。

※　完全無議決権株式の評価について、原則としては普通株式として評価しますが、例外的に一定の要件を満たす場合には原則的評価額から5％分を控除し、その5％分を他の議決権のある株式の評価額に加算することができます。

● 解説 ●

〈1〉　完全無議決権株式の活用

　普通株式から完全無議決権株式への転換は、実務上は旧商法の時代から株主全員の同意が必要とされています。

しかし、本ケースでは100%オーナー会社ですので、この面での心配はいりませんでした。

　本ケースでは大株主であるオーナー社長が前もって普通株式と完全無議決権株式を保有しておき、遺言書により後継者である長男に普通株式を、長女には完全無議決権株式を相続させました。

　この方法を利用することで、相続によって株式が分散するとしても、議決権を分散させないようにすることで経営が混乱することを防ぐことができました。

〈2〉　相続税法上の評価額について

　平成19年度の税制改正によって、種類株式についての評価方法が明らかになっています。

　完全無議決権株式の評価について、原則としては普通株式として評価しますが、例外的に一定の要件を満たす場合には原則的評価額から5％分を控除し、その5％分を他の議決権のある株式の評価額に加算することができます。

　これを本ケースに当てはめると、長女が相続する自社株の評価額は、1株当り2,850円（3,000円×（100％－5％））になります。

　したがって、長女は2,850円×5万株＝1億4,250万円の財産を相続することになり、議決権のある株式（普通株式）に比べて750万円だけ評価額が低いことになります。

　これに対して長男のもつ株式の評価額は、長女に対して軽減された評価額750万円が上乗せされ、3,000円×10万株＋750万円＝3億750万円になります。

　つまり、長男は株式の評価額750万円に係る相続税の負担で長女から会社の議決権を買い取ったのと同じです。

　議決権が分散することによる将来の経営の混乱を事前に防止する観点からは、小さな負担であったといえましょう。

〈3〉　取得請求権付株式の活用

　取得請求権付株式は、株主が発行会社に対して株式の取得を請求

することができる株式です。

　この取得請求があった場合には、会社は原則としてこれを拒否できず、分配可能額がない場合を除いて株式を取得しなければなりません。

　本ケースで、長女に渡す完全無議決権株式をさらに取得請求権付株式とすることで、長女はいつでも会社に対して株式の換金化を求めることができることになり、長女にとっても不満のない方法になっています。

　会社にとっても、この取得請求権の行使によって将来の株式の分散を防止できる効果があり、相続・事業承継対策上、長女からの株式の取得請求は望ましいといえます。

　これは完全無議決権株式をもつ株主であっても少数株主権をもつため、将来の経営にとってはやはりマイナスとなるからです。

　なお株式の取得請求の際には、仮に他の株主がいたとしても追加売却請求権は発生しませんので、会社側も安心して取得請求に応じることができます。

4

会社財産を利用した
遺産分割対策

金庫株を活用することで、通常であれば相続における遺産分割の対象とならない会社財産を、相続財産に組み込むことができます。

これは相続人が相続により自社株式を取得した後、その株式を会社に売却する際に、現金預金以外のものを対価として受け取ることもできるためです。

当然のことながら、相続人と会社との同意は必要となるのですが、会社財産のなかで（現金預金以外に）相続人が欲しいものと、相続人がもつ自社株式とを交換することができるわけです。

会社側では金庫株の取得価額と、交換した資産の帳簿価額との差額は資産の譲渡損益として処理することになります。

金庫株の利用

➡ 遺産分割の対象とならない会社財産を相続財産に組み込むことができる

➡ 相続人が相続により自社株式を取得

➡ 自社株式を会社に売却

> 相続人は現金預金以外のものを対価として受け取ることもできる

> 会社財産のなかで相続人が欲しいものと相続人の自社株式とを交換可能

ケース・スタディ④

　相続人である株主が、金庫株の対価に関して金銭以外のものを希望した例として、筆者の過去の経験では、会社の財産としてなぜかしら会社がもっていた骨董品（！）、相続人が幼少期に暮らした思い出の土地（！）があり、驚くと同時に感慨深いものがありました。

　その土地は国道沿いで、かなり騒音がひどく、住むのはちょっとためらわれるようなところにありました。

　パッと見は古いブランコがあるだけの、客観的にみると何でもない土地なのですが、相続人にとっては幼い頃の思い出が詰まった、かけがえのない土地だったのでしょう。

　特に骨董品は「お茶（茶道）」に使う桐の箱や、いったい何に使うのか見当もつかない、したがって筆者にはその値打ちもまったくわからないものばかりだったのですが（古ぼけた桐の箱が１つで100万円！）、亡くなった会社の社長が高値掴みをしていた（つまり騙されて買っていた）ものが多数あったため、自社株式と時価での交換に伴う譲渡損の計上により、法人税の節税にもなり、思わぬメリットまでありました。

　また、本来であれば会社での骨董品の所有は、おそらく会社の定款違反に当たり、かなりまずい状態だったのですが、そう

いった心配もこれでいっさい不要になりました。

　金庫株制度を活用する際に、こういった株式とモノとの交換による活用方法もあることを相続人に教えてあげると、こちらが想像する以上に喜ばれますよ。

5 少数株主を減らす対策

(1) 金庫株の活用による株式所有の集中の促進

　金庫株を活用することで、会社経営の障害となる少数株主を減らすことができます。

　たとえば、度重なる相続により、自社株式が親類縁者にかなりの程度、分散しているケースがあります。

　いわゆる遠い親戚にまで自社株式が行き渡ってしまっている例であり、戦前からあるような地場の優良会社等においてこれが顕著です。

　各株主の相続による株式の移転や、株式譲渡制限会社であっても会社の承認を得ずに当事者間で行った譲渡（これは会社に対しては無効ですが、当事者間では有効です）を会社が把握できていないケースもあり、こうなるともう誰が真の株主かわからなくなります。

　なかには社長が会ったこともない株主も多数いて、こういった会社では一般的に株主間に派閥争いがあり、株主総会は常に荒れた状態で紛糾しがちです。

　さらに年月だけが無意味に経過すれば、将来的には会社の経営や利益の分配をめぐる揉め事につながることが十分に予想されます。

このため、株式の分散防止と集中が必要になります。

　筆者が事業承継の相談に呼ばれる場面は、そういったやっかいな状態であることが多いのですが、その時は「いまここで株式の分散を食い止めなければ、さらに問題が大きくなる」と警鐘を鳴らすことが多いわけです。

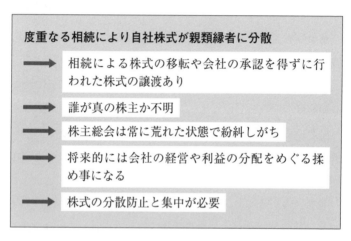

度重なる相続により自社株式が親類縁者に分散

➡ 相続による株式の移転や会社の承認を得ずに行われた株式の譲渡あり

➡ 誰が真の株主か不明

➡ 株主総会は常に荒れた状態で紛糾しがち

➡ 将来的には会社の経営や利益の分配をめぐる揉め事になる

➡ 株式の分散防止と集中が必要

　ちなみに平成19年に施行された会社法では、旧商法よりも単独株主権や少数株主権を大幅に拡充しており、株主がこれらの株主権を行使すれば、会社経営はかなりのダメージを受けることになります。

　このため単独株主や少数株主をそのまま放置することは、大きな問題を将来に積み残すことになります。

　その場合に金庫株を使って少数株主を減らすことで、会社経営のリスクを大きく減らすことができるわけです。

⑵ 会社法で認められている単独株主権と少数株主権

　会社法では株主の権利について以下のように定めています。

　会社法による単独株主権（1株でも保有していると生じる権利）や少数株主権（議決権や発行済株式総数の一定割合または一定数を有していると生じる権利）の拡充により、単独株主や少数株主であってもオーナー経営者のもつ経営権を侵害する可能性があります。

　単独株主権には、まず、取締役の違法行為差止請求権があります。

　これは、取締役が会社の目的の範囲外の行為や、法令・定款に違反した行為を行い、または行おうとしている場合に、それが会社に著しい損害をもたらすおそれがあるときは、取締役に対してその行為をやめることを請求する権利です（会社法360条）。

　私が出会った事例としては、ある会社の専務取締役が勝手にゴルフ場の開発を行おうとしていた例がありました。

　それを知ったある株主がこの権利を行使し、その事業は中止されました。

　また、取締役会議事録の閲覧請求権（会社法371条2項）や、

株主総会議事録の閲覧請求権（会社法318条4項）も、単独株主権です。

　中小企業ではこれらの議事録がないことも多いのですが、そのこと自体が違法です。

　なお取締役会議事録の閲覧請求権は、監査役設置会社（業務監査を行う監査役を設置している会社）では裁判所の許可を得て行使することになります（会社法371条3項）。

単独株主権

➡ 取締役の違法行為差止請求権

➡ 取締役会議事録の閲覧請求権

➡ 株主総会議事録の閲覧請求権など

　少数株主権の例としては、会計帳簿の閲覧請求権、株主総会の議題提案権、株主総会の招集請求権、取締役の解任請求権などがあります。

　会計帳簿の閲覧請求権は、原則として総株主の議決権の3％以上、または発行済株式総数の3％以上を保有している株主に認められています（会社法433条1項）。

　株主総会の議題提案権は、取締役会設置会社では原則として総株主の議決権の1％以上または300個以上の議決権をもっていれば可能です（会社法303条2項）。なおこの権利は、取締役会を設置していない会社の場合は「単独株主権」となります（会社法303条1項）。

また、権利行使する株主には原則として6カ月以上の株式保有要件がありますが、株式譲渡制限会社ではその要件はなくなります（会社法303条3項）。

　株主総会の招集請求権は、原則として総株主の議決権の3％以上を保有している株主に認められています（会社法297条1項）。

　ここでも原則として6カ月以上の株式保有要件がありますが、株式譲渡制限会社ではその要件はありません（会社法297条2項）。

　取締役の解任請求権は、株主総会において解任の議案が否決されたときに裁判所に解任を訴えることができる権利です。

　原則として総株主の議決権の3％以上または発行済株式総数の3％以上を保有している株主に認められています（会社法854条1項）。

　ここでも原則として6カ月以上の株式保有要件がありますが、株式譲渡制限会社ではその要件はありません（会社法854条2項）。

少数株主権

➡ 会計帳簿の閲覧請求権

➡ 株主総会の議題提案権

➡ 株主総会の招集請求権

➡ 取締役の解任請求権など

各種の株主権はこれを組み合わせて使うと効果的なのですが、これらを組み合わせると、たとえば会計帳簿の閲覧請求権や取締役会議事録の閲覧請求権を行使して、取締役の職務執行に関する不正な行為や法令または定款に違反する重大な事実を発見した場合、取締役の違法行為差止請求権を行使し、それでもやめなければ株主総会の招集請求権と議題提案権を行使して取締役の解任を議題にあげることが可能です。

　さらに取締役の解任が株主総会で否決された場合には、取締役の解任請求権を行使して裁判所に訴えることができます。

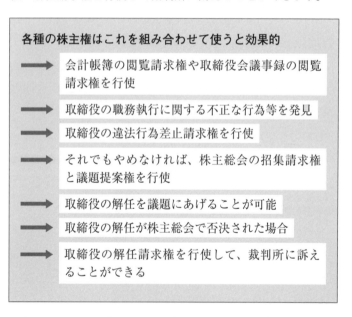

各種の株主権はこれを組み合わせて使うと効果的

➡ 会計帳簿の閲覧請求権や取締役会議事録の閲覧請求権を行使

➡ 取締役の職務執行に関する不正な行為等を発見

➡ 取締役の違法行為差止請求権を行使

➡ それでもやめなければ、株主総会の招集請求権と議題提案権を行使

➡ 取締役の解任を議題にあげることが可能

➡ 取締役の解任が株主総会で否決された場合

➡ 取締役の解任請求権を行使して、裁判所に訴えることができる

　特に腕のよい弁護士は、株主権の権利行使に慣れており、当たり前のようにこれらの権利を行使してきますので、このあた

りは少数株主についた弁護士の腕次第です。

　しかしながら実際に裁判になった場合には、第1審判決まで
に少なくとも1年以上を要し、さらに会社側が上訴する限り、
判決が確定するまでは解任の効果は生じず、それまでに取締役
の任期が到来すると、訴えの利益はなくなります。

　そしてその後にその役員が再任されると、その選任は有効と
なります。

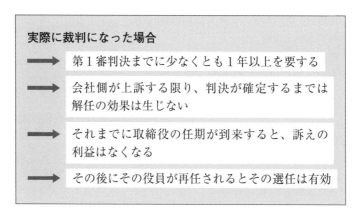

実際に裁判になった場合

→ 第1審判決までに少なくとも1年以上を要する

→ 会社側が上訴する限り、判決が確定するまでは
　解任の効果は生じない

→ それまでに取締役の任期が到来すると、訴えの
　利益はなくなる

→ その後にその役員が再任されるとその選任は有効

　筆者は会社の大株主である社長に仕事を依頼されることが多
いのですが、少数株主を気にするような小心者の社長はほとん
どいません。

　ある意味で開き直っている社長が多いため、「あまり心配し
なくてよい」旨を伝えると、「それはそうだろう」という反応
が返ってきます。

　このように単独株主権や少数株主権の行使にも限界はあるの
ですが、単独株主権や少数株主権はガバナンス面での会社（経

営者）に対する牽制機能としては大きな意味をもっているといえるでしょう。

　少数株主権について整理すると、以下のようになります。

少数株主権の内容

議決権数・株式数の要件	保有期間の要件	権利の内容
総株主の議決権の1％以上または300個以上	行使前6カ月	提案権（会社法303条、305条）
総株主の議決権の1％以上	行使前6カ月	総会検査役選任請求権（会社法306条）
総株主の議決権の3％以上または発行済株式総数の3％以上	要件なし	帳簿閲覧権（会社法433条）、検査役選任請求権（会社法358条）
総株主の議決権の3％以上	要件なし	取締役等の責任軽減への異議権（会社法426条5項）
総株主の議決権の3％以上または発行済株式総数の3％以上	行使前6カ月	取締役等の解任請求権（会社法854条、479条）
総株主の議決権の3％以上	行使前6カ月	株主総会招集権（会社法297条）
総株主の議決権の10％以上または発行済株式総数の10％以上	要件なし	解散判決請求権（会社法833条）

（注1）　発行済株式総数は自己株式を除く。
（注2）　公開会社以外の会社（株式譲渡制限会社）では、保有期間の6カ月要件はない。
（注3）　少数株主権については、すべての会社において、定款で要件の緩和ないし単独株主権化が可能。
（神田秀樹著『法律学講座双書　会社法』弘文堂より抜粋）

ケース・スタディ⑤

　当社の現社長は創業者である先代社長の長男であり、先代社長から相続により発行済議決権株式の30％を受け継ぎ、所有しています。

　先代社長の配偶者である現社長の母親は、創業者の死亡時に25％程度の株式を相続しましたが、現社長との間における相続の際のトラブルから、互いに相手を訴えており、現在は音信不通です。

　銀行の貸金庫を開けるにはすべての相続人の同意が必要となるのですが、現社長の母親とは連絡が取れないため、先代社長が契約していた銀行の貸金庫を開けることはできず、それはいまも続いています。

　他の株主は創業者から数パーセントずつ株式を譲り受けた者の子供や孫であり、さらにこれらの人たちの死去による相続の際の株式の分散から、株主数は数十名に達していました。

　親族である株主間の仲は必ずしもよくはなく、株主総会は常に荒れがちでした。

　また正直なところ株主名簿はあまりあてにならず、株式には譲渡制限はついていましたが、会社の承認を得ないでなされた当事者間での株式の譲渡（これは会社に対しては無効ですが、当事者間では有効です）や、それぞれの株主の死去によって生じた株式の相続は会社として十分把握できていない状態であり、「この人に配当金を支払っているから、この人を株主として扱う」という状態でした。

　一方、当社は昭和初期の創業以来、業績はきわめて好調で、10億円を超える現金預金および剰余金のほか、所有する不動産にも多額の含み益が生まれていました。

　このため多くの株主は評価額だけは高い、まさに画に描いた

餅の状態の株式の換金化を望んでいました。

　そこで、会社にある豊富な資金を利用して、株式の売却を希望する株主がいれば、会社が金庫株としてこれを買い取ることを会社側から提案しました。

　会社が金庫株として買い取る際に、株主に多額のみなし配当課税が生じることは避けられませんでしたが、それでも（現社長の母親を除く）多くの株主は、会社への株式の譲渡を希望し、このタイミングで初めて株主であったことがわかった者も大勢いました。

　これにより会社としては株主を大幅に減らすことができ、以後の株主総会は、それまでとは比較にならないほど平穏無事なものとなりました。

6 少数株主への利益還元対策

　金庫株は少数株主への利益還元対策としても活用できます。

　金庫株の取得金額と会社から支払われた配当金額の合計額を、当期純利益で割った比率は、総配分性向（総還元性向）と呼ばれ、株主への利益還元割合を表す比率であると考えられています。

　株主に金銭で報いる点では、会社による金庫株の買取りと配当金の支払は共通しているためです。

金庫株の取得金額と配当金額の合計額÷当期純利益

➡ 総配分性向（総還元性向）

➡ 株主への利益還元割合を表す

➡ 利益還元の面では金庫株の買取りと配当金の支払は共通

　中小企業でもある程度の規模があれば、少数株主といたずらに対立するのではなく少数株主との融和を図り、配当金の支払以外にも金庫株の取得による株主への利益還元を行うのが、少数株主とのよい関係を構築するのに役立ちます。

　ここで利益の還元対策として少数株主から金庫株として取得する場合は、会社に資金的な余裕があるのであれば、その際の

買取価額を税法上の原則的評価額とするのが望ましいでしょう（そんな高額で買い取れるかという意見もあるかもしれませんが）。

　上場会社では当然のことながら、金庫株はその時の証券市場の時価で買い取るのですが、これはそれと同じ考え方を非上場会社に当てはめたものです。

> **利益の還元対策として少数株主から金庫株として取得する場合**
> ➡　買取価額を税法上の原則的評価額とするのが望ましい

　仮に会社がこの税法上の原則的評価額で買い取ったとしても、金庫株は会計上も税法上も純資産（資本）のマイナスとして処理しますので、資金負担はありますが、損益には影響ありません。

　なお少数株主からの金庫株の買取価額は、それが配当還元価額よりも高ければ不相当に高額にならない限り、税務的には特に問題ないため、税法上の原則的評価額での買取りは税務上も特に問題になりません。

> **金庫株の税法上の原則的評価額での買取り**
> ➡　会計上も税務上も純資産（資本）のマイナスとして処理

ケース・スタディ⑥

　当社の株主はそのほとんどが現社長の親族であり、会社の創生期以来ずっと現社長と苦楽をともにし、株主としても従業員としても、会社の成長のために数十年にわたって貢献してきました。

　現社長が高齢になったことに伴い、後継者への事業承継の問題が生じたのですが、まず後継者の経営権が十分に確保されるよう、政策的に、いったん会社に株式を集中させることにしました。

　その際に現社長の強い意向により、税法上の原則的評価額（少数株主にとっての株価である配当還元価額よりもはるかに高額な評価額になります）で会社が株式を買い取ることにしました。

　株主から会社に譲渡される金庫株の対価の額は、みなし配当に対する課税を差し引いても、株主１人当りの手取り金額が数百万円単位にのぼり、退職前に退職金並みの臨時ボーナスを受け取るがごとくで、これについて多くの株主は信じられないようなようすでした。

　それをみていた筆者も、「中小企業でこんなことが本当にあるのか」と驚いたのですが、株主は皆、大喜びで会社に自社株式を売却しました。

　これにより会社は株式を金庫株とすることで、その株式の議

決権がなくなったため、現社長が会社の議決権の100%をもつに至りました。

　その後、現社長は遺言書で後継者に社長のもつ自社株式を相続させ、仮に相続税の納税資金が足らない場合は、その一部を金庫株として会社に買い取らせることで納税資金にすることにしました。

　金庫株の活用によって事業承継対策がスムーズにいっただけでなく、株主でもある従業員に金銭で報いようとする現社長の心意気に感じ、従業員の士気も高まり、ただでさえ優良会社であったのが、さらに優良会社になることにつながりました。

　筆者にとっては、株主への利益還元が思いもよらぬかたちで逆に会社に利益還元するという初めての経験でした。

7

資金運用対策

　金庫株は、非常に効率のよい資金運用の1つと考えることもできます。

　超低金利時代である現在、定期預金の金利は基本的に0.01％を下回る水準になってしまっています。

　会社においても、タンス預金に相当するような金庫預金になっているところもあります。

　また、銀行の貸金庫は現金でいっぱいになっているという話もよく聞きます。

　その資金を金庫株の取得原資として利用すれば、金庫株については配当金を支払わなくてよいため配当金の支払軽減に役立つとともに、議決権の停止による経営の安定化が図れます。

　つまり定期預金よりも金庫株のほうがはるかに高金利・高効率な資金運用、つまりノーリスク・ハイリターンの資金運用といえ、さらに経営の安定化にとってプラスの効果があるのですから、非常に有利な資金運用対策であるといえるでしょう。

金庫株は非常に効率のよい資金運用

➡ 配当金の支払軽減に役立つ

➡ 議決権の停止による経営の安定化が図れる

→ ノーリスク・ハイリターンの資金運用

→ かつ経営の安定化にとってプラスの効果あり

→ 非常に有利な資金運用対策

　金庫株は会社法上、貸借対照表の純資産の部に「自己株式」としてマイナス表示されるのですが、資金運用の側面からは純資産のマイナスではなく、準金融資産（金融資産に準じる資産）での資金運用と考えるのが妥当です。

　特に、超低金利政策下における余剰資金の運用方法に困っている場合は、おおいにこれをお勧めしたいと思います。

　なお、ここで金庫株を準金融資産とする考え方は、次節の組織再編対策における疑似通貨としての利用につながります。

金庫株は、貸借対照表の純資産の部に自己株式としてマイナス表示

→ 資金運用の側面からは準金融資産での資金運用

→ 余剰資金の運用方法に困っている場合はお勧め

ケース・スタディ⑦

当社は金属機械メーカーです。
当社は長年にわたり利益の内部留保を充実させた結果、貸借

対照表の現金預金と利益剰余金（利益準備金とその他利益剰余金の合計額）はともに20億円を超えています。

　また金融機関とは預金取引しかなく、したがって借入金もない状態であり、より安全かつ有利な運用方法を模索していました。

　当社の配当性向（配当金額÷当期純利益）は約30％で、利益の30％を株主に分配し、残りの70％を現金預金と利益剰余金の積増しに充てています。

　社内には、遊んでいる現金預金を用いて新規の設備投資を行うべきとの声もあったのですが、当社の利益の源泉はすでに償却ずみの設備を利用することでコストダウンを図り、それを武器にして製品を低価格で販売していることによるものと考えています。

　ここで仮に新規の設備投資を行うとすると、減価償却費の負担が重くなり、当社の強みである低価格での販売が生かせなくなるのではないかと苦慮しています。

　さらに2020年に発生したコロナ禍に伴う不況のタイミングで新規の設備投資を行っても、市場における需要がそれに追いついてこないため、結果として在庫が積み上がるだけであり、新規の設備投資の効果はマイナスにしかならないように思っています。

　一方で現在の資金運用における超低金利の環境では、定期預金に20億円を預けても受取利息は数万円にしかならず、これはこれでもったいない話であると思っていました。

　その折に懇意にしている金融機関から、少数株主から会社が自社株式を買い取ってはどうかという自社株買いの提案がありました。

　金融機関の話では、金庫株を利用することで配当金の節減ができるだけでなく、経営の安定化も図ることができるため、資

金運用の効率化による財務体質の改善だけでなく、経営体質の
強化につながるという話を聞き、デメリットも特にないような
ので、前向きに検討しようと考えています。

8

組織再編対策

　金庫株を有効活用することで、新たな株式の発行も不要、資金負担もなく、合併や株式交換（ある会社の株式と自社の株式を交換することで、その会社を完全子会社にする）、株式交付等の組織再編を実行することができます。

　たとえば上場会社にあらかじめ金庫株を保有しておき、後継者がいないが素晴らしい技術をもった中小企業を吸収合併する際に、その会社の株式と引き換えに金庫株を交付すれば、新たに株式を発行することなく合併することができます。

　現実には後継者がいない会社も多く、そのままでは廃業するしかないといったケースもあるため、そういった会社を合併するために、金庫株を保有する会社も出てきています。

　吸収される会社の株主にとっても、換金価値のない自社株式が流通性の高い上場会社株式に変わるわけですから、まったく問題ありません。

上場会社においてあらかじめ金庫株を保有

➡　後継者がいないが技術をもった中小企業を吸収合併

→	その際にその会社の株式と引き換えに金庫株を交付
→	新たに株式を発行することなく合併することができる
→	換金価値のない自社株式が流通性の高い上場会社株式に変わる

　また新しい制度として、令和元年の改正会社法における株式交付制度において、金庫株を活用することができます。

　株式交付制度は、株式会社が他の株式会社を子会社にするために、自社の株式を会社法199条１項の募集によらずに、他の株式会社の株主に交付するという制度です（会社法２条32の２号。令和元年改正による（令和３年３月１日施行予定））。

　つまり他の会社の株式の取得により子会社化するにあたり、自社株を対価とする企業買収であり、これが容易にできるようになりました。

　株式交換でも同様のことができるのですが、株式交換では100％完全子会社化する必要があり、子会社における少数株主の存在が認められていません。

　一方、株式交付では完全子会社化する必要はなく、100％未満の所有割合でも子会社化ができるようになっています。

株式交付制度における金庫株の活用

➡ 100％未満の所有割合でも子会社化ができる

➡ 自社株式を対価とした企業買収が容易に

　金庫株は現金預金のかわりとなる準金融資産すなわち疑似通貨として利用可能な側面があり、欧米ではその面での活用が盛んになったことで金庫株制度が普及してきたという経緯があります。

　さらにこれを支援する各種税制の拡充もあり、最近では日本でも欧米並みに組織再編が活発化してきています。

　これにより近い将来には、組織再編時における金庫株の活用は当たり前になってくるでしょう。

　なお、金庫株を疑似通貨として使うことを予定している場合には、株価引下げ対策は裏目に出るため、これを行わないことをお勧めします。

金庫株は現金預金のかわりとなる準金融資産すなわち疑似通貨

➡ これを支援する各種税制の拡充

➡ 日本でも欧米並みに組織再編が活発化

➡ 組織再編時における金庫株の活用は当たり前に

ケース・スタディ⑧

　当社の社長は同業者の社長との付き合いが多く、同年代である同業者の社長の事業承継の相談にもよく乗っていたようです。

　今回、同業者の社長が事業から引退をしたいと当社の社長に相談があったようなのですが、相談の内容は会社を廃業するか、あるいは会社を他社に売却するか、どうすればよいかという話だったらしいです。

　結論的には当社がその会社（以降Ａ社とします）の親会社となり、廃業や売却によらずに従業員の雇用を守るという話になりました。

　当社がＡ社を子会社とする方法をいろいろ検討したのですが、Ａ社の株主は数十名に達しており、会社法で規定している株式交換制度を利用すると、100％完全子会社化に反対する株主への対応がかなりむずかしいことが予想されました。

　そこで当社が従来から保有していた金庫株と、令和元年の改正会社法で誕生した株式交付制度を利用することにより、100％完全子会社ではなく、株主総会の議決権の過半数を所有するかたちでの子会社化を検討することにしました。

　株式交付制度を利用する場合は、仮にＡ社の社長から当社への大株主の交代について反対する株主がいたとしても、反対する株主はそのままＡ社の株主として残ることができるため、株式交付そのものを阻止することはできません。

　Ａ社の社長の説得により他の株主の承諾も得られ、特に揉め事もなく、Ａ社の社長の所有する株式と当社の金庫株を交換することで、Ａ社を子会社化することができました。

　これによりＡ社にとっても、円満な事業承継を行うことで、従業員の雇用を守ることもできました。

9 DES(負債と資本の交換)対策

(1) DES とは何か

金庫株は、社長が会社に対してもっている貸付金を株式に替える DES においても活用できます。

社長が自分の会社への貸付金をもっているのは、中小企業ではよくある話です。

社長が会社株式を100%所有していない場合に、少数株主がもつ株式をいったん会社が買い取ることで金庫株として保有し、DES によって社長からの借入金を資本(純資産)に転換し、その際の対価としてその金庫株を社長に交付するものです。

社長が自分の会社への貸付金をもっている

➡ 少数株主がもつ株式を会社が買い取ることで金庫株として保有

➡ DES によって社長からの借入金を資本(純資産)に転換

➡ その際の対価として金庫株を社長に交付

なお、これは必ずしも決まった一連の流れというわけではな

く、会社が好調なときに積極的に少数株主から株式を取得することで金庫株として保有しておき、会社が不調なときに生じた社長からの借入金について、取得ずみの金庫株を活用したDESにより資本金に振り替えるということも考えられます。

いわゆる「転ばぬ先の杖」です。

(2) DESのメリット

この金庫株とDESの活用により、会社の財務体質は大きく改善するメリットがあります。

会社が自社株式を金庫株として取得すれば、株主の権利である議決権や配当請求権は停止しますが、社長とのDESで金庫株を活用すれば株式の再利用（リサイクル）が可能です。

この方法で少数株主を減らすと同時に社長の持株比率を高めることができ、経営の安定化に役立ちます。

金庫株とDESの活用

➡ 　会社の財務体質が大きく改善するメリット

会社が自社株式を金庫株として取得

➡ 　議決権や配当請求権は停止

➡ 　社長とのDESで金庫株を活用

➡ 　株式の再利用（リサイクル）が可能

➡ 　少数株主を減らすと同時に社長の持株比率が高まる

　なお、金庫株の取得は分配可能額の枠内で行うことになりますので、会計上、分配可能額がない会社ではこれを行うことができません（会社法461条）。

　現実には分配可能額がなくとも金庫株の取得を行っているケースも多く、会社債権者から訴えられない限り、問題になっていないことがほとんどなのですが…。

　さらに金庫株取得により純資産が300万円を下回ることは禁止されているため、この点にも注意が必要です（会社法458条）。

　なお少数株主からの金庫株取得は比較的評価額の低い配当還元価額で行うことができますので、多少でも分配可能額があれば金庫株の取得は可能です。

　また業績がよい会社でも、一時的な運転資金不足を解消するために社長からの借入金を起こす場合や、手間や時間または支払利息の節約から金融機関からの借入れではなく社長からの借入れを行う場合もあり、こういったケースでは分配可能額の心配はいらないでしょう。

　DESを行うと、通常は税務上の債務消滅益が発生するのですが、10年まで繰越期限が延長した繰越欠損金を利用することで対処可能です。

　繰越欠損金の範囲内であれば仮に所得が生じても、繰越欠損金の利用により法人税の課税が生じないためです。

この場合、繰越欠損金の枠内で少しずつ DES を行うことも可能ですし、債務消滅益の計上にあわせて税務上認められている各種の資産の評価損等を計上することで課税所得の発生を防ぐこともできます。

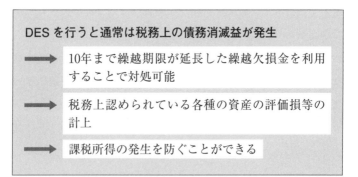

DES を行うと通常は税務上の債務消滅益が発生

➡ 10年まで繰越期限が延長した繰越欠損金を利用することで対処可能

➡ 税務上認められている各種の資産の評価損等の計上

➡ 課税所得の発生を防ぐことができる

　また、社長から会社への貸付金については、社長個人の相続時において額面金額で評価されがちなのですが、株式へと転換することで柔軟な評価が可能になります。

　これはたとえば、類似業種比準価額の比準要素である配当金や利益が会社の配当政策、決算政策により調整可能なことによります。

　なお、どうしても分配可能額が出ない場合には、社長の債権放棄（債務免除）によって債務免除益を計上することで分配可能額をつくってから金庫株制度を活用することもできます。

社長から会社への貸付金

➡ 社長個人の相続時において額面金額で評価されがち

➡ 株式へと転換することで柔軟な評価が可能

➡ 配当金や利益が会社の配当政策、決算政策により調整可能

⑶ DES を行う前に

　また、DES を行う前に社長から会社に対する貸付が行われている状態であることが前提となっているのですが、多くの中小企業では、金銭消費貸借契約書やそれを承認する取締役会議事録（取締役会を設けている場合）または株主総会議事録（取締役会を設けていない場合）がつくられていません。

　これらの書類は本来であれば社長からの貸付時に必要となるものですが、作成されていない場合には、貸付金の存在を明確にするため、DES を行う前に必ず作成しておいてください。

DES を行う前に

➡ 金銭消費貸借契約書を作成

➡ それを承認する取締役会議事録（取締役会を設けている場合）を作成

> → または株主総会議事録（取締役会を設けていない
> 場合）を作成

　取締役会の決議は、議決に加わることができる取締役の過半
数（これを上回る割合を定款で定めた場合にあってはその割合以
上。これを定足数といいます）が出席し、その過半数（これを上
回る割合を定款で定めた場合にあっては、その割合以上）をもって
行います（会社法369条１項）。

　ここで代表取締役が当事者である債権者であった場合は、代
表取締役は特別利害関係人に該当するため議決に加わることが
できませんので、注意してください。

　この特別利害関係人とは会社と利益が相反する者をいい、代
表取締役と会社との金銭消費貸借契約は、両者が特別な利害関
係となる典型例です（会社法356条１項）。

代表取締役が当事者である債権者であった場合
> → 特別利害関係人に該当するため議決に加わるこ
> とができない

> → 特別利害関係人とは、会社と利益が相反する者

　また、取締役会の議事については、法務省令で定めるところ
により、議事録を作成し、出席した取締役・監査役は署名また
は記名押印する必要があります（会社法369条３項）。

これは決議に異議を唱えなかった取締役の責任を明らかにするためです。

　なお、署名は本人の自書のことであり、記名は印刷された氏名のことです。

　この取締役会の議事録は取締役会の日から10年間、本店に備え置く必要があり、株主等は必要があるときはその閲覧、謄写を請求することができます（会社法371条）。

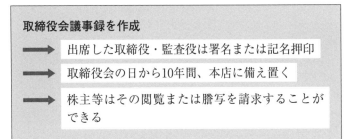

取締役会議事録を作成

➡ 　出席した取締役・監査役は署名または記名押印

➡ 　取締役会の日から10年間、本店に備え置く

➡ 　株主等はその閲覧または謄写を請求することができる

⑷　DES 手続の簡素化

　旧商法においてこの DES を行う場合には、原則として裁判所が選任した検査役の調査が必要とされていたため、ほとんど普及しませんでした。

　検査役の調査は、中小企業では最も嫌がられますので、実効性はありませんでした。

　なお旧商法においても、例外的に新株発行時に現物出資の目的である財産の価格が500万円を超えないときや、取締役会で決定した現物出資に関する事項が相当であることについて税理

士などの証明を受けた場合等には検査役の調査が不要でしたが、これもあまり利用されていませんでした。

　これに対して会社法では、会社に対する金銭債権の現物出資はその債権の履行期が到来しており、かつその債権金額以下で出資をする場合には、現物出資に関する検査役の調査や税理士などによる証明は不要になりました（会社法207条9項5号）。

会社法での会社に対する金銭債権の現物出資
➡ その債権の履行期が到来ずみ
➡ かつその債権金額以下で出資をする場合
➡ 現物出資に関する検査役の調査や税理士などによる証明は不要

　これは履行期が到来した金銭債権については、会社が弁済しなければならない金額は確定しており、評価の適正性について特段の問題は生じないという理由によります。

　会社法では現物出資の目的となる財産について、原則として裁判所が選任した検査役による調査、または税理士などの証明を受ける必要があるとしましたが（会社法207条1項、9項4号）、例外的に手続を簡素化したわけです。

　社長からの借入金は、その返済期日がすでに到来しているのが普通であり、かつ社長が会社に対してもつ債権について、債権金額を超える価額で現物出資するとは考えられません。

　したがって、実質的に検査役の調査や税理士等の署名は不要

となり、金銭債権について記載された会計帳簿（借入金の総勘定元帳のコピーで可）を登記の添付書類とすることで足ります（商業登記法56条1項32号）。

なお、登記の際には臨時株主総会または取締役会の議事録が必要となります。

DESで必要となる書類

➡ 借入金の総勘定元帳のコピーで可

➡ 臨時株主総会または取締役会の議事録

⑸　DESにおける金庫株の活用

前述のように会社法ではDESの際に金庫株を活用できます。

ここで少数株主から買い取った金庫株を用いて、社長からの借入金を資本に振り替えるわけです。

いわば金庫株の再利用（リサイクル）といえますし、法律上は代物弁済に該当します。

このように金庫株の処分に際して貸付金など金銭以外の財産が給付される場合は、新株発行と同様の取扱いをします（会社法199条）。

つまり金庫株の処分時に貸付金による現物出資が行われる場合には、新株発行と同様であると考えているのです（ただし資本金は増えないため増資には当たりません）。

DES の際に金庫株を活用できる

➡ いわば金庫株の再利用（リサイクル）

➡ 法律上は代物弁済に該当する

➡ 新株発行と同様の取扱い

(6) DES の会計と税務

DES を行った場合、会社法では債権金額をそのまま資本金に振り替えることが認められており、いわゆる**券面額説**を採用しています。

これに対して債権の時価でもって資本金に振り替えるとする考え方を**評価額説**といいますが、会社法ではこれを採用しませんでした。

DES における会計上（会社法上）の仕訳

（借）　借入金　×××　　（貸）　資本金　×××

これにより社長からの借入金が負債計上されている場合に、借入金をそのまま資本金に振り替える手続を容易に行うことができます。

DES の考え方

➡ 会社法では券面額説

> 借入金をそのまま資本金に振り替える

　なお、借入金の2分の1を超えない範囲内で資本準備金とすることもできます。

　なお、DESにおいて金庫株を利用するときは、「（貸）資本金」は自己株式と自己株式処分差益（差額分）になります。

　この自己株式処分差益は、損益計算書には記載されず、貸借対照表の純資産の部に「その他資本剰余金」として直接計上されます。

DESにおける会計上（会社法上）の仕訳

```
（借）　借入金　×××　　（貸）　自己株式　×××

　　　　　　　　　　　　　　　　自己株式処分差益　×××

　　　　　　　　　　　　　　　　（その他資本剰余金）
```

　たとえば会社が金庫株取得時に配当還元価額10で取得しており、原則的評価額が200の場合、社長からの借入金のうち200についてDESを行い、社長に金庫株を交付すると以下のような仕訳になります。

DESにおける会計上（会社法上）の仕訳

```
（借）　借入金　200　　（貸）　自己株式　10

　　　　　　　　　　　　　　　　自己株式処分差益　190

　　　　　　　　　　　　　　　　（その他資本剰余金）
```

一方で、法人税では平成18年度の税制改正によって、法人税法上は DES により増加する資本金等の額は、消滅する債権の時価とされました（法人税法施行令8条1項1号）。

　つまり、**法人税法上は会社法とは異なり、評価額説を採用した**わけです。

　この税制改正が行われる前は、法人税法上も会計上の取扱いと同様に債権金額をそのまま資本金等の額に振り替えることが認められていると解されていましたが、これが平成18年度に改正されています。

　したがって現在では、会計上（会社法上）は原則として帳簿価額で借入金から資本への振替えが可能ですが、法人税法上は債権の時価での振替えとなるため、原則として債権の簿価と時価との差額である債務消滅益が収益に計上され、益金の額に算入されます。

DES の考え方

➡ 　法人税法では評価額説

➡ 　債権の時価が資本金等の額となる

➡ 　債務消滅益が発生する

DES における税務上の仕訳

```
（借）　借入金　×××　（貸）　資本金等の額　×××
                                  ……債権の時価
                        債務消滅益　×××
                                  ……貸借差額
```

　DES の税務上の仕訳は上記のようになりますが、これは金庫株を活用した場合も同じです。

　さらにこの債権（会社にとっては債務）の法人税上の時価は、「合理的に見積もられた回収可能額」であるとされており、具体的には、債務者の再建計画等の実行可能性や資産・負債を実勢時価ベースで評価替えした実態貸借対照表に基づいて評価された額です。

法人税法上の評価額説

➡　債権の簿価と時価との差額である債務消滅益が益金算入

ここでの債権の時価

➡　合理的に見積もられた回収可能額

➡　実態貸借対照表に基づいて評価された額

(7)　DES 利用による相続税対策

　社長からの借入金額が数億円に達している場合にも、役員個

人の死亡時には会社に対する貸付金について、通常はそのまま相続税が課税されます。

　これについては過去の判例上、債務超過会社に対する貸付金であっても、回収可能性がある限りその額面金額に課税されるとされています。

　ここで DES により貸付金が株式に変わることで、評価の引下げも可能となり、柔軟な評価ができるようになることで、相続税の節税対策ができるようになります。

社長から会社に対する貸付金
➡　通常はそのまま相続税が課税される
➡　債務超過会社に対する貸付金であっても同様
DES により貸付金が株式に変わる
➡　評価の引下げも可能
➡　相続税の節税対策ができる

---

(8)　DES 利用時の贈与税対策

　DES により税務上の繰越欠損金を使い切って課税所得が発生した場合や、会社の債務超過（純資産がマイナスの状態）が解消した場合等では、会社に法人税・住民税・事業税が発生するだけでなく、他の株主への贈与税の問題が発生します。

　これは DES による債務消滅益の発生により会社の純資産が増加することで、他の株主も利益を得ることになるため、DES

を行った株主から他の株主へと贈与が行われたとみられるからです（第三者へのみなし贈与、相続税法9条、相続税基本通達9−2(4)）。

DES による課税所得の発生または債務超過の解消

➡ 会社に法人税・住民税・事業税が発生

➡ 他の株主への贈与税の問題が発生（みなし贈与）

これに関して会計上（会社法上）、つまり損益計算書には債務消滅益は計上されていないため、特に注意が必要です。

したがって、少数株主がいる場合には先に株主数を減らしたり、みなし贈与の金額が贈与税の基礎控除額である1人当り110万円以下になるようにするなどして、みなし贈与の課税を防ぐ工夫が必要となります。

また、会計上（会社法上）は債務超過であっても、税務上は債務消滅益の計上により課税所得が発生することがありますので、ご注意ください。

なお、DES を行ってすぐに株式を無償で後継者等に贈与することは危険です。

その場合は、DES を行った役員から後継者等へと贈与されたとみなされるからです。

また DES を行うと、金庫株を活用する場合を除いて、資本金が増加することになるため、資本金1億円以下の場合の法人税のさまざまな優遇処置（法人税の軽減税率や交際費の損金算入

枠など）が失われる可能性がありますが、これは減資をすることで解消できます。

第 III 章

金庫株の会計と税務

非上場株式の売買時における適正な時価

　相続税では同族株主か否かについてや、取得後の持株比率等に応じて一律的な評価が規定されていますが、売買の場合には一律的な評価は行われません。

　税法では売買の場合は適正な時価で行うことが前提となっており、適正な時価でない場合には、適正な時価での売買とみなされる結果、贈与税や譲渡所得税または法人税の課税が行われることになります。

　相続税は対価を伴わない相続や贈与といったケースでの静的な時価を取り扱うのに対して、売買の場合は動的な時価を取り扱うことになるため、相続や贈与のケースとは異なり、純粋に経済合理性のある、市場経済原理に基づいて売買価額を決定する「純然たる第三者」がまず先に規定されます。

　「純然たる第三者」とは、資本関係、取引支配関係、人的支配関係のいずれもない場合をいい、M&A等で会社を売買するケースなどが、「純然たる第三者」との売買に該当します。

　そしてその場合の価額は、対等な立場での交渉（せめぎあい）がある限り、仮に相続税法上の評価額とは異なる価額であっても一般に常に合理的なものとして是認されます（なお、この「一般に常に」は二重肯定といわれています）。

　ここでの「せめぎあい」は、最近の裁判所の判決文でよく用

いられているキーワードです。

「純然たる第三者」との取引では、売り手は少しでも高く売ろうとし、買い手は少しでも安く買おうとする結果、市場経済原理により両者のギリギリの妥協により売買価額が決まる点を重視しています。

この場合は売買価額については客観性が強いため税務は口を挟まない、つまり売買価額をそのまま税務上の価額として取り扱うことにしています。

純然たる第三者

➡ 売買価額について、税務は口を挟まない

➡ 売買価額をそのまま税務上の価額として取り扱う

なお「純然たる第三者」に当たるかどうかは相対的でケースにより異なるものであり、たとえば当該会社と無関係な者相互間の取引は、純然たる第三者間の取引になります。

これ以外には、たとえば取引銀行が会社の命運を担っていれば、当該銀行は純然たる第三者には当たりませんが、当該銀行と会社との間に預金取引しかない場合には、会社の立場のほうが強く、当該銀行は会社の事業経営に実効的な影響力をもたないため、純然たる第三者といってよいでしょう。

したがって取引銀行が純然たる第三者に該当するかどうかも、事実認定の問題（これはケース・バイ・ケースという意味です）になります。

次に、これに準ずるかたちで、これも市場経済原理である配当期待に基づいて売買価額を決定する少数株主（非支配関係株主）が規定されます。

　ここでの少数株主（非支配関係株主）は、原則として、①相続税法上の同族株主以外の株主等、ですが、それに加えて、②会社の事業経営に実効的な影響力を与える地位を有していないこと、が要件となっているため、さらに事実認定の問題（これはケース・バイ・ケースという意味です）を満たさなければなりません。

　裁判ではこの「②会社の事業経営に実効的な影響力を与える地位を有していない」かどうかが争われることになります。

　具体的には従業員や従業員持株会等が少数株主（非支配関係株主）の典型例になります。

少数株主（非支配関係株主）の要件

➡ ①相続税法上の同族株主以外の株主等

➡ ②会社の事業経営に実効的な影響力を与える地位を有していないこと

➡ 事実認定の問題（これはケース・バイ・ケースという意味）

　少数株主（非支配関係株主）は支配関係株主以外の株主ですが、たとえば同族株主のいる会社における同族株主以外の株主は、会社の支配権をもっておらず、特別の事情がない限り「会

社の事業経営に実効的な影響力を与える地位を有していない」のが普通であり、ただ配当期待権をもつだけのため、配当期待に基づく売買が前提となります。

したがって、この少数株主（非支配関係株主）にとって株式は、配当に係る価値しかないことから、配当還元価額で評価されることになります。

また、その要件の厳しさから少数株主（非支配関係株主）の範囲は狭いものとなっています。

最後に、これら以外の株主として位置づけられるのが支配関係株主という順番になります。

売買の場合の判定順序

➡ ①純然たる第三者

➡ ②少数株主（非支配関係株主）

➡ ③支配関係株主

なお、少数株主（非支配関係株主）の範囲が狭い分だけ、支配関係株主の範囲は広いものとなっています。

この支配関係株主の定義はどこにも規定されていないのですが、「当該会社の事業経営に対して実効的な影響力」を行使しうるかどうかを実態に即して判断する事実認定の問題（これはケース・バイ・ケースという意味です）となります。

支配関係株主間の取引、たとえば大株主である父親が後継者である息子に株式を譲渡しようとする場合は、当然ながらでき

るだけ安く譲渡しようとするため、純然たる第三者との取引のような経済原理（売り手は少しでも高く売ろうとし、買い手は少しでも安く買おうとする）は当てはまりません。

極論すれば、贈与税がなければ無償で贈与しようとすることも考えられます。

この事実に着目して、税務は親族内での取引価額が極端に安くならないように歯止めをかけたわけです。

結論的に、（下記の個人間の売買を除いて）支配関係株主にとっての適正な時価は、法人間の売買の場合は法人税基本通達4－1－6および9－1－14（P.114参照、なお両者は内容的に同一です）による原則的評価額、個人が法人から取得した場合は所得税基本通達59－6による原則的評価額（P.105参照）になります。さらに法人税基本通達9－1－14は、この所得税基本通達59－6とほぼ同じ内容となっています。

ただし個人間取引の場合は通常の相続税評価額（財産評価基本通達に基づく原則的評価額）になります。

これは個人間売買における評価額は、みなし贈与（相続税法7条　当事者間のみなし贈与）とならないための最低評価額によるものとするためです。

支配関係株主

➡ 当該会社の事業経営に対して実効的な影響力を行使しうる株主

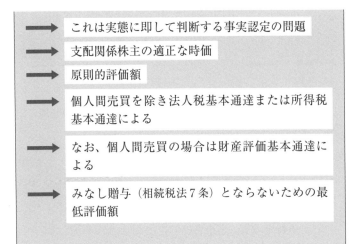

これは実態に即して判断する事実認定の問題

支配関係株主の適正な時価

原則的評価額

個人間売買を除き法人税基本通達または所得税基本通達による

なお、個人間売買の場合は財産評価基本通達による

みなし贈与（相続税法7条）とならないための最低評価額

最近の判決では次のとおり、取引相場のない株式の時価についての裁判所の考え方が明らかにされています。

① 「時価」とは、課税時期における客観的交換価値、すなわち課税時期において、それぞれの財産の現況に応じ、不特定多数の当事者間で自由な取引が行われた場合に通常成立する価額をいうものと解するのが相当である。

② しかし、財産の客観的交換価値は必ずしも一義的に確定されるものではなく、これを個別に評価することとなると、その評価方法および基礎資料の選択の仕方等により異なった評価額が生じることが避けがたく、また、課税庁の事務負担が重くなり、課税処理の迅速な処理が困難となるおそれがあることから、課税実務上は財産評価の一般的基準が評価通達によって定められ、これに定められた評価方法によって画一的に評価する方法がとられている。このような扱いは、納税者間の公平、納税者の便宜および徴税費用の節減という見地からみて合理的であり、一般的にはすべての財産についてこのような評価を行うことは、租税負担の実質的公平を実現することが

でき、租税平等主義にかなうものである。

③　したがって、評価通達に定められた評価方法を画一的あるいは形式的に適用することによって、かえって実質的な租税負担の公平を著しく害し、相続税法あるいは評価通達自体の趣旨に反するような結果を招くというような特別な事情が認められない限り、評価通達に定められた評価方法によって画一的に時価を評価することができるというべきである。

　つまり、原則的には財産評価基本通達の定めによる評価を行うことで租税負担の実質的公平を実現させることができると考えられますが、それには例外があり、特別の事情がある場合には、財産評価基本通達によらずに評価するわけです。

　その特別の事情について、通常のケースでは、それがなかったため原則どおり財産評価基本通達によって評価を行ったという理論構成です。

　実務的には、この特別の事情というのは、かなり限定された場面でしか認められないものと考えてよく、納税者側で特別の事情を主張するのは無理があるように思います。

裁判所の考え方

➡️　原則的には財産評価基本通達

➡️　特別の事情がある場合

財産評価基本通達によらずに評価

しかし特別の事情を主張するのは無理がある

3 所得税法上の時価
（個人⇔法人間取引の個人側の時価）

　たとえば取引相場のない株式を個人が譲渡する場合の、取引相場のない株式の時価について規定した所得税法上の条文は、特にありません。

　所得税基本通達が、これに関連して次頁のように規定しています。

　なお、これは所得税法23条から35条までの各種所得に共通する通達であり、かつ「株式等を取得する権利の価額」、いわゆるストック・オプションについての通達です。

　このように、取引相場のない株式について、譲渡の際の時価を直接的に規定したものは、所得税法には（さらには法人税法にも）存在していないため、実務において大きな混乱が生じています。

取引相場のない株式の所得税法上の時価

➡ 直接的に規定したものは存在していない

➡ 実務において大きな混乱が生じている

　それでは、所得税基本通達と法人税基本通達に規定されている、税法上の評価額についてみておきましょう。

所得税基本通達23～35共－9

（株式等を取得する権利の価額）

23～35共－9　令第84条第1号から第4号までに掲げる権利の行使の日又は同条第5号に掲げる権利に基づく払込み又は給付の期日（払込み又は給付の期間の定めがある場合には、当該払込み又は給付をした日。以下この項において「権利行使日等」という。）における同条本文の株式の価額は、次に掲げる場合に応じ、それぞれ次による。（昭49直所2－23、平10課法8－2、課所4－5、平11課所4－1、平14課個2－5、課資3－3、課法8－3、課審3－118、平14課個2－22、課資3－5、課法8－10、課審3－197、平17課個2－23、課資3－5、課法8－6、課審4－113、平18課個2－18、課資3－10、課審4－114、平19課個2－11、課資3－1、課法9－5、課審4－26改正）

(1)～(3)　省略

(4)　(1)から(3)までに掲げる場合以外の場合　次に掲げる区分に応じ、それぞれ次に掲げる価額とする。

　　イ　売買実例のあるもの　最近において売買の行われたもののうち適正と認められる価額

　　ロ　公開途上にある株式（金融商品取引所が内閣総理大臣に対して株式の上場の届出を行うことを明らかにした日から上場の日の前日までのその株式及び日本証券業協会が株式を登録銘柄として登録することを明らかにした日から登

録の日の前日までのその株式）で、当該株式の上場又は
登録に際して株式の公募又は売出し（以下この項にお
いて「公募等」という。）が行われるもの（イに該当す
るものを除く。）　金融商品取引所又は日本証券業協会
の内規によって行われる入札により決定される入札後
の公募等の価格等を参酌して通常取引されると認めら
れる価額

　ハ　売買実例のないものでその株式の発行法人と事業の
種類、規模、収益の状況等が類似する他の法人の株式
の価額があるもの　当該価額に比準して推定した価額

　ニ　イからハまでに該当しないもの　権利行使日等又は
権利行使日等に最も近い日におけるその株式の発行法
人の1株又は1口当たりの純資産価額等を参酌して通
常取引されると認められる価額

（注）　枠内太字筆者。

　ここで、(1)は上場株式の場合、(2)は旧株が上場株式である場
合、(3)は気配相場のある場合の規定で、本書のテーマである取
引相場のない株式とは関係がないため、省略しています。

　(4)の取引相場のない株式についての規定ですが、このうち
「イ　売買実例のあるもの」は、「最近において売買の行われた
もののうち適正と認められる価額」となっています。

　ここでの「最近において」の部分は法人税基本通達9−1−
13での同様の規定では「当該事業年度終了の日前6月間」と

なっており、微妙な違いがありますが、そもそも売買実例があるケースは少なく、かつその価額が適正か否かも不明なため、実務上は非常に使いづらい規定といえます。

判例の多くも、これに対して否定的です。

「ロ　公開途上にある株式」は、上場準備中であることが前提となっているため、通常のケースではほとんど使えません。

「ハ　売買実例のないもので（中略）類似する他の法人の株式の価額があるもの」は、類似業種ではなく、類似会社（類似法人）である点に注意が必要です。

したがって、業種だけではなく、取引の規模、社員数等が類似している必要があり、国税当局者には株式の価額についての情報があるかもしれませんが、通常のケースでは税理士がそれを知る術はほとんどありません。

この類似会社（類似法人）比準方式の採用にも、過去の判例はきわめて否定的な立場をとっています。

これにより必然的に、ニ（イからハまでに該当しないもの）を使うことになりますが、ここでは「純資産価額等を参酌して通常取引されると認められる価額」と規定するのみであり、実際の計算方法を規定しているわけではありません。

なお、法律用語で「参酌」は「斟酌」よりもさらに弱く、単に「参考にする」といっているにすぎず、これでは途方にくれてしまいます。

純資産価額等を参酌して通常取引されると認められる価額

➡ 実際の計算方法を規定しているわけではない

➡ 単に「参考にする」といっているにすぎない

　したがって、実務上は、次の所得税基本通達59－6による具体的な取扱いを利用することになります。

所得税基本通達59－6

（株式等を贈与等した場合の「その時における価額」）

59－6　法第59条第1項の規定の適用に当たって、譲渡所得の基因となる資産が株式（株主又は投資主となる権利、株式の割当てを受ける権利、新株予約権及び新株予約権の割当てを受ける権利を含む。以下この項において同じ。）である場合の同項に規定する「その時における価額」とは、23〜35共－9に準じて算定した価額による。この場合、23〜35共－9の(4)ニに定める「1株又は1口当たりの純資産価額等を参酌して通常取引されると認められる価額」とは、原則として、次によることを条件に、昭和39年4月25日付直資56・直審（資）17「財産評価基本通達」（法令解釈通達）の178から189－7まで（取引相場のない株式の評価）の例により算定した価額とする。（平12課資3－8、課所4－29追加、平14課資3－11、平16課資3－3、平18課資3－12、課個2－20、課審6－12、平21課資3－5、

課個 2 －14、課審 6 －12、平26課資 3 － 8 、課個 2 －15、課
審 7 － 5 改正)

(1) 財産評価基本通達188の(1)に定める「同族株主」に該
当するかどうかは、株式を譲渡又は贈与した個人の当該
譲渡又は贈与直前の議決権の数により判定すること。

(2) 当該株式の価額につき財産評価基本通達179の例によ
り算定する場合（同通達189－ 3 の(1)において同通達179に
準じて算定する場合を含む。）において、株式を譲渡又は
贈与した個人が当該株式の発行会社にとって同通達188
の(2)に定める「中心的な同族株主」に該当するときは、
当該発行会社は常に同通達178に定める「小会社」に該
当するものとしてその例によること。

(3) 当該株式の発行会社が土地（土地の上に存する権利を含
む。）又は金融商品取引所に上場されている有価証券を
有しているときは、財産評価基本通達185の本文に定め
る「 1 株当たりの純資産価額（相続税評価額によって計算
した金額)」の計算に当たり、これらの資産については、
当該譲渡又は贈与の時における価額によること。

(4) 財産評価基本通達185の本文に定める「 1 株当たりの
純資産価額（相続税評価額によって計算した金額)」の計
算に当たり、同通達186－ 2 により計算した評価差額に
対する法人税額等に相当する金額は控除しないこと。

(注)　枠内太字筆者。

106

この所得税基本通達59－6では、23〜35共－9の(4)ニに定める「1株又は1口当たりの純資産価額等を参酌して通常取引されると認められる価額」について、原則として(1)から(4)の条件を満たした場合には、相続税による評価額を適正な時価として取り扱ってよい旨を規定しています。

　ここでは「原則として」という条件がさらについていますが、法人税基本通達9－1－14における同様の規定では「課税上弊害がない限り」となっており、意味内容としては同じであると解されています。

　これにより、所得税法上の適正な時価は、原則として相続税法上の時価である「財産評価基本通達（法令解釈通達）の178から189－7まで（取引相場のない株式の評価）」によることになります。

所得税法上の適正な時価

　➡　原則として相続税法上の時価

　➡　財産評価基本通達178から189－7による時価

　上の(1)〜(4)について、それぞれ以下の点に注意しなければなりません。

　なお、(1)については、P.114に示す法人税基本通達9－1－14には該当する文がありませんが、(2)以下の文章は、同9－1－14と同じです。

(1)　譲渡した個人が同族株主に該当するか否かは、譲渡した個

人の売却直前の議決権数によって判定すること。

この通達は所得税法59条1項2号のみなし譲渡（個人から法人への著しく低い価額での譲渡を時価での譲渡とみなす規定）についての通達であることから、個人から法人へと譲渡した場合についてのみ、譲渡した個人の所得税法上の時価の判定は売却直前の議決権数によって行います。

> **譲渡した個人が同族株主に該当するか否か**
>
> ➡ 譲渡した個人の売却直前の議決権数によって判定
>
> ➡ 個人から法人へと譲渡した場合について、時価の判定は売却直前の議決権数によって行う

これ以外のケース、たとえば株式を取得する法人の法人税法上の時価、あるいは相続税法上の時価（これは個人間取引に適用されます）の判定にあたっては譲渡直後の議決権数によって行い、原則的評価額か特例的評価額（配当還元価額）かを判断します。

(2) 譲渡した個人が中心的な同族株主に該当する場合には、常に小会社として評価すること。

たとえば、会社の発行済議決権株式の25％以上を所有する大株主である個人が譲渡した場合が、これに該当します。

小会社としての評価とは、「純資産価額方式による評価額」と、「類似業種比準価額方式による評価額と純資産価額方式による評価額の平均（L＝0.5とした場合の評価額）」の、いずれか

低い価額での評価を意味します。これにより通常は、大会社や中会社の株式の評価額よりも高い価額になるケースが多いと思われます。

譲渡した個人が中心的な同族株主に該当する場合

➡ 常に小会社として評価

➡ 純資産価額方式による評価額

➡ L＝0.5とした場合の評価額

➡ いずれか低い価額での評価

➡ 通常は大会社や中会社の株式の評価額よりも高い価額

　なお、これに該当しない場合には、原則として通常の相続税評価額によることになりますが、純資産価額方式による場合や、純資産価額方式と類似業種比準価額方式を併用する場合の1株当り純資産価額の算定においては、次の(3)と(4)についても留意する必要があります。

(3)　土地等と上場有価証券の評価については、1株当り純資産価額の算定にあたり、相続税評価額ではなくその時の時価で評価すること。

　したがって土地等については、路線価や固定資産税評価額ではなく、不動産鑑定士による鑑定評価を行うことが望まれます。なお土地等の等は借地権を指しています。

(4)　1株当り純資産価額の算定にあたり、含み益の37％控除は
　行わないこと。

　1株当り純資産価額の算定における含み益の37％控除の制度
は、清算時の所得に対する課税を仮定するものです。

　ここでは会社の継続を前提とした所得税の計算の観点からの
株式評価であり、会社の清算を前提とするものではないため、
含み益について控除する理由がないことから含み益の37％控除
は行われません。

　なお、(3)と(4)は1株当り純資産価額の算定の際の留意点であ
り、類似業種比準価額には影響しないため、株価の引下げ対策
としては類似業種比準価額の引下げ対策が中心となります。

　また、類似業種比準価額は純資産価額よりも調整しやすいと
いう性質をもっています。

　これは比準要素としての配当、利益（所得）および純資産

110

（簿価）が、会社の方針や決算により調整可能であることによります。

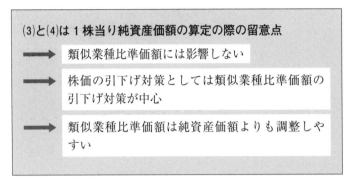

(3)と(4)は1株当り純資産価額の算定の際の留意点

→ 類似業種比準価額には影響しない

→ 株価の引下げ対策としては類似業種比準価額の引下げ対策が中心

→ 類似業種比準価額は純資産価額よりも調整しやすい

　これにより売り手が非支配関係株主、買い手が支配関係株主であった場合には、売り手にとっての適正な時価は特例的評価額である配当還元価額、買い手にとっての適正な時価は所得税基本通達59-6による原則的評価額になり、両者に食い違いが生じます。

　この結果、多くの場合は配当還元価額での売買は、買い手が個人の場合は贈与税（相続税法7条）が課税されることになります。

4

法人税法上の時価
（個人⇔法人間取引、法人⇔
法人間取引の、法人側の時価）

それでは、次に法人税法の規定についてみていきましょう。

法人税法上も取引相場のない株式の時価について規定した条文は特にありませんが、法人税基本通達ではこれに関連して以下のように述べています。

なお、法人税基本通達 9 － 1 －13と 9 － 1 －14は、法人税法33条 2 項（資産の評価替えによる評価損の損金算入）についての通達です。

また、法人税25条 3 項（資産評定による評価益の益金算入）の規定を受けて、法人税基本通達 9 － 1 －13と 9 － 1 －14と同じ内容の通達として法人税基本通達 4 － 1 － 5 と 4 － 1 － 6 がそれぞれ規定されており、法人が売主である場合の低額譲渡等についての規定である法人税基本通達 2 － 3 － 4 で準用されています。

このように、取引相場のない株式について、所得税と同様に法人税でも譲渡の際の時価を直接的に規定した法律の条文は存在していない状況です。

なお、若干の相違点を除いて、所得税法上の時価と法人税法上の時価は同じ規定となっています。

　これにより売り手が非支配関係株主、買い手が支配関係株主であった場合には、売り手にとっての適正な時価は特例的評価額である配当還元価額、買い手にとっての適正な時価は法人税基本通達 9 － 1 －14による原則的評価額になり、両者に食い違いが生じます。

　この結果、多くの場合、配当還元価額での売買は、買い手が法人であるとき、受贈益の計上により法人税（法人税法22条 2 項）が課税されることになります。

法人税基本通達

（上場有価証券等以外の株式の価額）

9 － 1 －13　上場有価証券等以外の株式につき法第33条第 2 項《資産の評価換えによる評価損の損金算入》の規定を適用する場合の当該株式の価額は、次の区分に応じ、次による。（昭55年直法 2 － 8 「三十一」、平 2 年直法 2 － 6 「三」、平12年課法 2 － 7 「十六」、平14年課法 2 － 1 「十九」、平17年課法 2 －14「九」、平19年課法 2 －17「十九」により改正）

(1)　売買実例のあるもの　当該事業年度終了の日前6月間において売買の行われたもののうち適正と認められるものの価額

(2)　公開途上にある株式（金融商品取引所が内閣総理大臣に対して株式の上場の届出を行うことを明らかにした日から上場の日の前日までのその株式）で、当該株式の上場に際して株式の公募又は売出し（以下9-1-13において「公募等」という。）が行われるもの（(1)に該当するものを除く。）　金融商品取引所の内規によって行われる入札により決定される入札後の公募等の価格等を参酌して通常取引されると認められる価額

(3)　売買実例のないものでその株式を発行する法人と事業の種類、規模、収益の状況等が類似する他の法人の株式の価額があるもの（(2)に該当するものを除く。）　当該価額に比準して推定した価額

(4)　(1)から(3)までに該当しないもの　当該事業年度終了の日又は同日に最も近い日におけるその株式の発行法人の事業年度終了の時における1株当たりの純資産価額等を参酌して通常取引されると認められる価額

（上場有価証券等以外の株式の価額の特例）

9-1-14　法人が、上場有価証券等以外の株式（9-1-13の(1)及び(2)に該当するものを除く。）について法第33条第2項《資産の評価換えによる評価損の損金算入》の

規定を適用する場合において、事業年度終了の時における当該株式の価額につき昭和39年4月25日付直資56・直審（資）17「財産評価基本通達」（以下9－1－14において「財産評価基本通達」という。）の178から189－7まで《取引相場のない株式の評価》の例によって算定した価額によっているときは、課税上弊害がない限り、次によることを条件としてこれを認める。（昭55年直法2－8「三十一」により追加、昭58年直法2－11「七」、平2年直法2－6「三」、平3年課法2－4「八」、平12年課法2－7「十六」、平12年課法2－19「十三」、平17年課法2－14「九」、平19年課法2－17「十九」により改正）

(1)　当該株式の価額につき財産評価基本通達179の例により算定する場合　（同通達189－3の(1)において同通達179に準じて算定する場合を含む。）において、当該法人が当該株式の発行会社にとって同通達188の(2)に定める「中心的な同族株主」に該当するときは、当該発行会社は常に同通達178に定める「小会社」に該当するものとしてその例によること。

(2)　当該株式の発行会社が土地（土地の上に存する権利を含む。）又は金融商品取引所に上場されている有価証券を有しているときは、財産評価基本通達185の本文に定める「1株当たりの純資産価額（相続税評価額によって計算した金額)」の計算に当たり、これらの資産については当該事業年度終了の時における価額によること。

(3) 財産評価基本通達185の本文に定める「1株当たりの
純資産価額（相続税評価額によって計算した金額)」の計
算に当たり、同通達186－2により計算した評価差額に
対する法人税額等に相当する金額は控除しないこと。

（注）　枠内太字筆者。

時価についてまとめると次のようになります。

1　非上場株式の売買時における適正な時価

➡　純然たる第三者……売買価額をそのまま税務上
の価額として取り扱う

➡　少数株主（非支配関係株主)……配当還元価額

➡　支配関係株主……法人税基本通達または所得税
基本通達に基づく原則的評価額（個人間取引を除
く）

2　裁判所の考え方

➡　原則的、一般的に、財産評価基本通達の定めに
より評価する

3　所得税法上の時価（所得税基本通達に基づく時価）

4　法人税法上の時価（法人税基本通達に基づく時価）

➡　純資産価額に関しての一定の条件付きで、財産
評価基本通達による相続税評価額で評価する

5

非上場会社における 個人株主からの金庫株の取得

　非支配関係株主である個人株主から株式発行会社へ当該会社の株式を配当還元価額で譲渡した場合（金庫株制度を活用する場合）は、資本等取引であることから買い手である会社側での受贈益の計上がないだけでなく、株式の売り手側の個人は自分の適正な時価で譲渡しているため、「著しく低い価額」での譲渡には該当しません。

　したがって、みなし譲渡課税（所得税法59条1項2号　※1）は行われず、さらに買い手側の会社の株主へのみなし贈与課税（相続税法9条　※2）もないことになります。

　この場合には、みなし譲渡課税、受贈益課税、およびみなし贈与課税の3つの課税がすべてないこととなり、非常にうまく自社株式の買取り（金庫株）の制度が使えることになります。

非支配関係株主である個人から株式発行会社への金庫株の譲渡

➡　配当還元価額で譲渡した場合

➡　資本等取引であり買い手である会社側での受贈益の計上はない

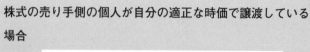

株式の売り手側の個人が自分の適正な時価で譲渡している場合

➡️ 「著しく低い価額」での譲渡には該当しない

➡️ みなし譲渡課税（所得税法59条1項2号）はない

➡️ 買い手側の会社の株主へのみなし贈与課税（相続税法9条）もない

➡️ 非常にうまく自社株式の買取り（金庫株）の制度が使える

　かつては「著しく低い価額」の解釈について、売主側の時価と比較して著しく低い価額であるのか、買主側の時価と比較して著しく低い価額であるのかがわからない（いわゆるグレーゾーン）といわれていました。

　しかし近年の裁判所の判決例の積重ねにより、それは売主側の時価と比較して著しく低い価額であるとの統一的な見解が示されています。

　したがって相続税法上は、売主が少数株主（非支配関係株主）である場合は、株式の譲渡価額が売主の時価すなわち配当還元価額を下回っていない限り、著しく低い価額には当たらないとの判断が明確になっています。

　なお相続税法における「著しく低い価額」は、時価の2分の1未満とする所得税法と異なり、個々の具体的事案ごとに社会通念に従い、相続税法9条の立法趣旨に従って合理的に判断す

るとしており、所得税のように時価の2分の1未満かどうかを問いません。

　したがって、少数株主（非支配関係株主）が売主である場合は、配当還元価額が譲渡に際しての最低価額になります。

相続税法における「著しく低い価額」

➡ 個々の具体的事案ごとに社会通念に従い合理的に判断

➡ 時価の2分の1未満かどうかを問わない

➡ 少数株主（非支配関係株主）が売主である場合

➡ 配当還元価額が譲渡に際しての最低価額になる

※1　所得税法59条1項2号の規定によるみなし譲渡です。
　　　個人から法人へ、時価よりも著しく低い価額で資産が譲渡された場合、時価による譲渡が行われたとみなされ、譲渡益が認定されます。
※2　相続税法9条の規定による第三者に対するみなし贈与です。
　　　株主が会社に時価よりも著しく低い価額で資産を譲渡した場合、会社が得をすることで受贈益を計上することとなり、純資産の増加を通じて他の株式の1株当り純資産が増加する結果、譲渡した株主から他の株主への贈与があったとみなされます。

6

非上場会社における
従業員持株会からの金庫株の取得

　実際の問題として最も大きな問題は、同族株主以外の株主からの金庫株の取得の場合に、配当還元価額での取得が可能であるかどうかです。

　これについて税務当局は明確な回答を避けており、ケース・バイ・ケースであるとしています。

　私見ですが、会社にとっての金庫株の適正な時価は原則として原則的評価額（法人税基本通達9－1－14による原則的評価額）ですが、例外的に配当還元価額も認められるケースがあると考えられます。

　会社にとっての金庫株の適正な時価が原則として原則的評価額となるのには、以下のような理由があります。

　たとえばオーナー社長から同族株主以外の株主へ、配当還元価額で株式の譲渡が行われたとします。

　この場合にはオーナー社長にも、株式を買い取った株主にも課税上特に問題は起こらず、オーナー社長側で譲渡価額と取得費との差額である譲渡益について、譲渡所得課税が行われるにとどまります。

　一方で株式を譲り受けた株主が、この株式をさらに株式発行会社に対して配当還元価額で譲渡したらどうなるのかという問題が起こります。

株主側では問題がないにせよ、取得した会社側では結果的にオーナー社長から配当還元価額で取得したのと同じになります。

　オーナー社長から金庫株を直接に取得した場合には、会社側では原則的評価方法により、かつ計算上のさまざまな規制がある（法人税基本通達 9 - 1 - 14）のに対して、同族株主以外の株主を経由した場合には配当還元価額での取引が可能であれば、課税上特に弊害があるとされても仕方ありません。

　逆にいえば、こういった租税回避的行為がないのであれば課税上特に弊害はなく、例外的にですが、同族株主以外の株主からは配当還元価額での金庫株の取得を認めてよいと解されています。

　さらに金庫株の取得は資本等取引であるため、いずれにしても受贈益の計上はありません。

　例外に該当するケースとしては、たとえば純然たる第三者である少数株主からの金庫株の取得のケースや、従業員が退職する際にその持株を会社に譲渡し、会社はすぐに他の従業員にその株式を譲渡した場合等では、配当還元価額での取引であっても特に課税上弊害はないため、問題ないとされています。

　こういった事情から、税務当局は一律に規定するのではなく、さまざまな事情を勘案して判断していると推測されます。

7

非上場会社における金庫株の適正な時価とは

　一般的な金庫株の場合も、その適正な時価がいかなるものかについて、実務上問題となっています。

　同族株主にとっての適正な時価は原則的評価額ですが、同族株主以外の株主にとっての適正な時価は配当還元価額になり、両者には大きな隔たりがあるためです。

　端的には、株式発行会社は会社自身の同族株主に該当するか、しない場合には株式発行会社にとっての自社株式の評価額はどのように考えるべきかといった問題があります。

　まずは、相続税における同族株主の定義をみてみましょう。

　財産評価基本通達188(1)では、同族株主について以下のように定義しています。

財産評価基本通達188(1)

　「同族株主」とは、課税時期における評価会社の株主のうち、株主の一人及びその同族関係者（法人税法施行令第4条《同族関係者の範囲》に規定する特殊の関係のある個人又は法人をいう。以下同じ。）の有する議決権の30％以上（その評価会社の株主のうち、株主の一人及びその同族関係者の有する議決権の合計数が最も多いグループの有する議決権の合計数が、その会社の議決権総数の50％超である会社にあっては

50％超）である場合におけるその株主及びその同族関係者
　をいう。

　つまり、議決権の50％超を所有する株主グループがいる場合
にはその株主グループが同族株主となり、いない場合には議決
権の30％以上を所有する株主グループが同族株主となります。
　一方で、金庫株は議決権をもたないことから、この定義に当
てはめると会社自身は同族株主になることはありえません。
　それでは、会社にとって金庫株の適正な時価は、常に配当還
元価額でよいといえるのでしょうか。
　会社自身が、会社にとって最も利害関係が強い存在といえま
す。これ以上の利害関係はないといってよいでしょう。
　会社自身が「会社の事業経営に実効的な影響力を与えうる地
位」をもっていることは明らかです。
　こういった利害関係の強さから、会社自身が会社にとって支
配関係株主であるとみるのが妥当です。
　したがって、金庫株の適正な時価は、原則として法人税基本
通達９－１－14に基づく原則的評価額となり、特別の事情があ
る場合には、特例的評価額である配当還元価額が容認されると
みるのが正しいと思われます。
　なお、金庫株の取得はそもそも資本等取引であるため、会社
に受贈益が計上されることはありません。
　また、原則的評価を行う場合には、法人税基本通達９－１－
14により、

① 土地等と上場有価証券の評価については、1株当り純資産価額の算定にあたり、相続税評価額ではなくその時の時価で評価します。

② 1株当り純資産価額の算定にあたり、含み益の37%控除は行いません。

なお、売主である株主の時価は、株主が個人株主の場合には所得税基本通達59-6によることとされています（租税特別措置法所得税関係取扱通達37の10-27（注））。

8　他の会社を経由した金庫株の取得

　オーナー社長からの金庫株の取得の場合には、原則的な評価方法で評価され、かつ計算上のさまざまな規制がある（**法人税基本通達9－1－14**）うえにオーナー社長側に多額のみなし配当が生じることから、他の会社を経由した金庫株の取得を行っているケースがあります。

　つまりオーナー社長からいったん、関連会社等の他の会社に自社株式を譲渡し、当該他の会社からさらに株式発行会社が金庫株として取得するケースです。

　この場合に、オーナー社長から他の会社への株式の譲渡は、形式的には通常の株式の譲渡であるため、原則的評価額での譲渡による通常の譲渡所得課税となり、取引相場のない株式の譲渡として税率20.315％の分離課税になります。またこの場合には、株式発行会社への譲渡ではないため、みなし配当は生じません。

　さらにこの株式を他の会社から株式発行会社へと譲渡した場合には、みなし配当が生じる場合であっても、法人の場合には受取配当金の益金不算入の規定の適用を受けていたのですが、平成22年10月1日以降はこのケースでの受取配当金の益金不算入規定は廃止されました（法人税法23条3項、法人税法施行令20条の2）。

しかし他の会社に多額の繰越欠損金等がある場合には、そもそもみなし配当に伴う法人税課税の心配がいりません。

　結果的にみなし配当課税が行われないことで、オーナー社長個人からの金庫株の取得と比較して税負担は格段に小さくなり、他の会社を経由することによって、みなし配当による高税率の課税を回避できるようにみえます。

　しかし、他の会社に株式をいったん取得させる合理的な理由がない場合には、このスキーム全体が租税回避行為とみなされ、同族会社の行為計算の否認等を受けるリスクが高いといえます。

| オーナー社長 | ⇒ | 他の会社 | ⇒ | 株式発行会社 |

原則的評価額　　　　　　　譲渡益課税
譲渡益課税のみ　　　　　　＋みなし配当課税

第 **IV** 章

金庫株を取得する方法

金庫株を取得する方法として、会社法ではさまざまな方法を用意していますので、これをみていきましょう。

株式譲渡制限会社における先買権者・買受人の指定の請求に際し、定款で会社自身を先買権者・買受人と指定する方法

　筆者のお勧めは、定款に上の標題のような規定を入れておく方法です。

　相続のタイミング以外に会社が株式を買い取る方法として、株式譲渡制限会社における株主からの先買権者・買受人の指定の請求に際し、定款で会社自身を先買権者・買受人と指定する方法があります（会社法155条2号）。

　この先買権者とは、株主が株式を譲渡する際に買受人として指定された者です。

　この方法は、売却を希望する株主がいれば、会社はいつでもそれに応じることをあらかじめ宣言するものです。

　つまり、「会社はいつでも自社株式を買うよ（でもほかの人には売らないでね）」という宣言です。

株式譲渡制限会社

➡ 株主からの先買権者・買受人の指定の請求

➡ 会社自身を先買権者・買受人と指定する

➡ 売却を希望する株主がいれば会社はそれに応じる

　株式譲渡制限会社では、株主からの会社に対する株式の買取請求は原則として断ることができますが、株式への投下資金の

回収手段を確保する必要性から、第三者への譲渡の承認請求を断るには、自社で買い取るか、他の買取人を指定しなければなりません。

　先買権者の制度は、この際にあらかじめ買受人を決めておき、その者だけが株式を譲り受ける権利をもつとした制度です。

　旧商法ではこの先買権者をあらかじめ指定することはできませんでしたが、会社法ではできるようになったため、非常に便利になりました。

　実際にこの規定を定款で設けている会社では、株主が必要に応じて会社に株式の買取請求を行い、実際に買い取ってもらうことで会社・株主間の争いがかなり減少しており、実効性のある方法といえるでしょう。

　これは、株主は資金が必要となったときに会社に買取りを申し込めば、会社に分配可能額がある限り、会社はいつでも株式を買ってくれるためです。

　つまり株主にとって、会社は巨大な貯金箱としてみることができるわけです。

> **株主は資金が必要となったときに会社に買取りを申し込む**
> ➡　会社はいつでも株式を買ってくれる
> ➡　株主にとって、会社は巨大な貯金箱

　このように株式譲渡制限会社では、定款で会社自身以外に株

式を譲渡することができないようにしておくことができるため、株式が現状以上に分散することを防止できます。

　会社法では定款自治を尊重し、定款においてその会社にあった譲渡制限を設けることで、よりスムーズな経営を行うことが可能となっていますので、これを利用しないのはもったいないように思います。

　以下はその際（定款に従って会社が先買権を行使する際）の株主総会議事録案ですので、ご参考にしてください。

臨時株主総会議事録

　令和○年○月○日　午後○時○分より、当会社の本店において臨時株主総会を開催した。
　発行済株式総数　　○株
　議決権のある株主数　○名
　その議決権の数　○個
　出席株主数　○名
　その議決権の数　○個
　議事録の作成に係る職務を行った取締役
　　代表取締役　○○○○
　議長　代表取締役　○○○○

　以上の出席により、本臨時総会は適法に成立したので、議長は開会を宣し、議事に入った。

　第1号議案　　株主○○○○氏からの自己株式取得の件
　議長は下記のとおり○○○○氏から当社株式の取得請求があったため、定款○○条の規定に従い、これを取得したい旨を述べ、これを議場に諮ったところ、下記のとおり満場異議なく

承認可決した。なお、取得の対象となる株主○○○○氏は会社法140条第4項の規定により、議決権を行使していない。

記

1、取得する株式の種類及び数　普通株式　○○株
2、株式の取得に際して交付する金銭の総額　○○○万円
3、株式を取得することができる期間　令和○年○月○日から令和○年○月○日まで
4、会社法第160条第1項の規定により通知を行う株主　○○○○

　議長は以上をもって本日の議事を終了した旨を述べ、午後○時○分閉会した。

　以上の決議を明確にするため、議長並びに出席取締役及び出席監査役は次に記名押印する。

　令和○年○月○日

○○県○○市○○町○丁目○○番地
株式会社　○○○○

議長　代表取締役　○○○○　　　印
　　　取締役　　　○○○○　　　印
　　　取締役　　　○○○○　　　印
　　　監査役　　　○○○○　　　印

　会社からの自社株式の売却要請に応じない少数株主に対しては、以下のような制度もあります。

2 会社法で認められた特別支配株主の株式等売渡請求制度

　すでに分散している自社株式を会社が買い集めるには、会社法で認められた特別支配株主の株式等売渡請求制度の活用（会社法179条）があります。

　少数株主をなくす方法として、かつては全部取得条項付株式（会社が株主からすべての株式を取得する権利を有する株式）や株式併合（複数の株式を1株にまとめる方法。端株にすることで会社が株式を買う権利をもつ）が利用されていましたが、これらの方法はかなり評判が悪く、かつ実際に法的に不安定であり、非上場会社よりも資本の論理が徹底している上場会社でさえ、これらの方法をめぐっていくつもの訴訟が起きていました。

　全部取得条項付株式はそもそも少数株主の締出し（スクイーズ・アウト）のために考案されたわけではないのですが、実際には多くのケースで少数株主の締出しに利用されたため、強制的に会社から排除される株主側の感情的な面での反発が大きいのが問題でした。

　筆者の経験では、全部取得条項付株式を利用した少数株主の締出しは、結果的にほとんどのケースで失敗しており、特に非上場会社ではうまくいった事例はあまりないように思います。

　これに対して、株式等売渡請求制度は、株式会社の総株主の議決権の90％以上（これを上回る割合を当該株式会社の定款で定

めた場合にあってはその割合）を有する株主（特別支配株主といいます）が、他の株主（少数株主）の全員に対して、その有する株式の全部を売り渡すことを請求すること（株式売渡請求）ができる制度です（会社法179条～179条の10）。

　ここでの当事者は特別支配株主と売渡株主であり、株式の発行会社は直接の当事者ではありません。

　したがって、株主総会議事録等は不要です。

　この場合は株主総会決議を経ることなく合法的に少数株主をいなくすることができるため、実際に制度の活用が進んでいます。

株式等売渡請求制度

➡　特別支配株主（総株主の議決権の90％以上を有する株主）

➡　他の株主（少数株主）の全員に対して、その有する株式の全部を売り渡すことを請求できる

　手続としては、以下のようになります。

ⅰ）　特別支配株主から対象会社への通知

　　特別支配株主は、売渡株主へ交付する株式売渡対価の額またはその算定方法や、特別支配株主が売渡株式を取得する日、その他の取引条件等を対象会社へ通知します。

ⅱ）　対象会社による承認と特別支配株主への通知

　　対象会社では取締役会決議（取締役会非設置会社の場合は取

締役の過半数による決議）をもって承認するか否かの決定を行い、決定内容を特別支配株主へ通知します。

iii) 対象会社による売渡株主への通知

　　対象会社では株式売渡請求を承認したときは、取得日の20日前までに売渡株主へその旨、特別支配株主の氏名または名称および住所、株式売渡対価の額またはその算定方法や、特別支配株主が売渡株式を取得する日、その他の取引条件等を売渡株主へ通知します。

iv) 事前開示手続

　　対象会社では、売渡請求に関する事項を記載した事前備置書類を本店に備え置きます。

　　売渡株主は会社の営業時間内はいつでも、その閲覧、謄本または抄本の請求を行うことができます。

v) 売渡株式の譲渡・取得

　　特別支配株主は取得日に、売渡株式の全部を取得します。株式に譲渡制限がついている場合であっても譲渡承認があったものとみなされ、実際に譲渡承認決議を行う必要はありません。

vi) 事後開示手続

　　対象会社では、売渡請求に関する事項を記載した事後備置書類を本店に備え置きます。

　　売渡株主は会社の営業時間内はいつでも、その閲覧、謄本または抄本の請求を行うことができます。

特別支配株主の株式等売渡請求制度
→ i) 特別支配株主から対象会社への通知
→ ii) 対象会社による承認と特別支配株主への通知
→ iii) 対象会社による売渡株主への通知
→ iv) 事前開示手続
→ v) 売渡株式の譲渡・取得
→ vi) 事後開示手続

　株式の売却に際して当事者間の納得感がないと、いつまでも禍根が残ってしまいますので、少数株主から株式を取得するのは、全部取得条項付株式を使うよりも、正攻法である特別支配株主の株式等売渡請求制度を使うほうがはるかにマシのように思います（それでも反発する株主はいるかもしれませんが……）。

　ただしこの方法では、株式の買取価格は会社の支配権価値（原則的評価額）となることが多いため、配当還元価額は用いることができず、より高額な買取価額になりやすいといえます。

3 ミニ公開買付け(TOB)による 金庫株(自己株式)の取得

　ミニ公開買付け（TOB）による金庫株の取得の手続は、以下のようになります。

i）　株主総会の普通決議により、有償取得する株式の種類と数、株式を取得するのと引き換えに交付する金銭等の内容と総額、１年を超えない範囲内の取得期間を決議し、取締役会に対して株式の取得を授権することができます（会社法156条１項）。

　　旧商法では定時株主総会の特別決議が必要でしたが、会社法では臨時株主総会かつ（原則として）普通決議で可能となりました。

ii）　i）の決議後、取締役は取得する株式の種類と数、株式１株を取得するのと引き換えに交付する金銭等またはその算定方法、株式を取得するのと引き換えに交付する金銭等の総額、株式の譲渡の申込期日を決定し、株主全員に対して通知をします（会社法157条、158条１項）。

　　つまり、すべての株主に株式の売却の機会を与えます（追加売却請求権）。なお、株式の取得の条件は株式の種類ごとに均等に定めなければなりません。

ミニ公開買付け（TOB）による金庫株の取得の手続
➡ 臨時株主総会かつ（原則として）普通決議で可能
➡ すべての株主に株式の売却の機会を与える
➡ 追加売却請求権あり

iii) 株主はii)の申込期日内に、取得を請求する株式の種類と数を会社に通知して株式の買取請求をすることとし、会社は請求した株主の株式を取得します（会社法159条）。

　　ただしこの請求により株主が申込みをした株式数（申込総数）がii)で定めた総数（取得総数）を超える場合には、会社は株式を按分して取得するものとします（会社法159条2項但書）。

　　予想以上に譲渡を希望する株主がいた場合には比例配分して、株主平等の原則に基づいて不平等のないように取得します。旧商法での取扱いも同じであったのですが、これを明文化しています。

　　以下はこの場合の株主総会議事録のモデルです。ご参考にしてください。

臨時株主総会議事録

　令和○年○月○日　午後○時○分より、当会社の本店において臨時株主総会を開催した。
　発行済株式総数　　　○株

議決権のある株主数　○名

その議決権の数　○個

出席株主数　○名

その議決権の数　○個

議事録の作成に係る職務を行った取締役

　　代表取締役　○○○○

議長　代表取締役　○○○○

以上の出席により、本臨時総会は適法に成立したので、議長は開会を宣し、議事に入った。

第1号議案　　自己株式取得の件

議長は、下記のとおり株主から自己株式を取得したい旨を述べ、これを議場に諮ったところ、下記のとおり満場異議なく承認可決した。

記

1、取得する株式の種類及び数　普通株式　○○株

2、株式の取得に際して交付する金銭の総額　○○○万円

3、株式を取得することができる期間　令和○年○月○日から令和○年○月○日まで

議長は以上をもって本日の議事を終了した旨を述べ、午後○時○分閉会した。

以上の決議を明確にするため、議長並びに出席取締役及び出席監査役は次に記名押印する。

　　令和○年○月○日

　　○○県○○市○○町○丁目○○番地

　　株式会社　　○○○○

議長　代表取締役　○○○○　　　印
　　　取締役　　　　○○○○　　　印
　　　取締役　　　　○○○○　　　印
　　　監査役　　　　○○○○　　　印

4 特定の株主からの金庫株(自己株式)の取得

　一方、会社法が用意した特定の株主からの取得は、以下のような手続になります(会社法160条)。

　基本的には前述3の「ミニ公開買付け(TOB)」による自社株式の取得の手続をベースにしていますが、その手続を一部変更することになります。

　株主総会の特別決議により、有償取得する株式の種類と数、株式を取得するのと引き換えに交付する金銭等の内容と総額、1年を超えない範囲内の取得期間と、自社株式を買い取る旨の通知を特定の株主に行うことを決議します(会社法160条1項、309条2項2号カッコ書)。

　なお会社はその株主総会の2週間前までに、他の株主に対して追加売却請求ができる旨を通知しなければなりません(会社法160条2項)。

　これを受けて他の株主は自己を譲渡人となる株主に加えることを株主総会の議案とするように請求することができます(会社法160条3項)。

```
┌─────────────────────────────────────────────────────┐
│ 特定の株主からの金庫株（自己株式）の取得                   │
│ ━━▶  株主総会の特別決議で特定の株主からの取得を          │
│       決議                                            │
│ ━━▶  他の株主に対して追加売却請求ができる旨を通知         │
│ ━━▶  他の株主は自己を譲渡人となる株主に加えるこ          │
│       とを請求できる                                   │
└─────────────────────────────────────────────────────┘
```

　この追加売却請求権の存在が、この方法をとることをむずかしくしているのですが、そもそもほかに株主がいない場合や、他の株主の株式を含めて買い取ってもよい場合は、特に問題はありません。

　また、この決議は譲渡人となる株主以外の株主による特別決議によります。

　ただし、すべての株主が売却を希望する場合には、すべての株主に議決権が生じます（会社法160条４項）。

```
┌─────────────────────────────────────────────────────┐
│ 追加売却請求権の存在                                   │
│ ━━▶  この方法をとることをむずかしくしている             │
│ ━━▶  そもそもほかに株主がいない場合                     │
│ ━━▶  他の株主の株式を含めて買い取ってもよい場合          │
│ ━━▶  特に問題はない                                    │
└─────────────────────────────────────────────────────┘
```

以下はこの場合の株主総会議事録のモデルです。ご参考にしてください。

臨時株主総会議事録

　令和○年○月○日　午後○時○分より、当会社の本店において臨時株主総会を開催した。
　発行済株式総数　　○株
　議決権のある株主数　○名
　その議決権の数　○個
　出席株主数　○名
　その議決権の数　○個
　議事録の作成に係る職務を行った取締役
　　代表取締役　○○○○
　議長　代表取締役　○○○○

　以上の出席により、本臨時総会は適法に成立したので、議長は開会を宣し、議事に入った。

　第1号議案　　特定の株主からの自己株式取得の件
　議長は、下記のとおり特定の株主から自己株式を取得したい旨を述べ、これを議場に諮ったところ、下記のとおり満場異議なく承認可決した。なお、取得の対象となる株主○○○○氏は会社法第140条第4項の規定により、議決権を行使していない。

記

　1、取得する株式の種類及び数　普通株式　○○株
　2、株式の取得に際して交付する金銭の総額　○○○万円
　3、株式を取得することができる期間　令和○年○月○日から令和○年○月○日まで
　4、会社法第160条第1項の規定により通知を行う株主　○○○○

議長は以上をもって本日の議事を終了した旨を述べ、午後○時○分閉会した。

　以上の決議を明確にするため、議長並びに出席取締役及び出席監査役は次に記名押印する。

　　令和○年○月○日

　○○県○○市○○町○丁目○○番地
　株式会社　○○○○

　議長　代表取締役　　○○○○　　　　印
　　　　取締役　　　　○○○○　　　　印
　　　　取締役　　　　○○○○　　　　印
　　　　監査役　　　　○○○○　　　　印

5 相続人等からの金庫株の取得

　会社が自社株式を合併や相続等の一般承継により株式を取得した株主から、株主と合意のうえ取得する場合には、特定の場合における手続の特例が認められています（会社法162条）。

　この場合には、他の株主の追加の売却請求を受けずに自社株式を取得することができるため、非常にお勧めの方法です。

　すなわち相続人等からの買取りの場合には、会社は定時または臨時株主総会の決議において、自社株式の取得の際に譲渡人となる株主を定め、他の株主の追加の売却請求を受けずに自社株式を相対で取得することができます。

相続人等からの金庫株の買取り

➡ 定時または臨時株主総会の決議

➡ 自社株式の取得の際に譲渡人となる株主を定める

➡ 追加売却請求を受けずに自社株式を相対で取得できる

　なお、この決議は譲渡人となる株主以外の株主による特別決議によります。

　ただし、すべての株主が売却を希望する場合には、すべての株主に議決権が生じます。

これは相続人等から自社株式を取得するケースですが、この
パターンでは非常にうまく金庫株が活用できます。

　というのは、後継者や他の相続人は相続税の納税資金として
自社株式の売却代金を利用できるとともに、会社に株式が譲渡
されることで相続による株式の分散が防止でき、新たな株主も
発生しないからです。

　特に後継者以外の、経営に興味がない相続人にとっては、株
式よりもお金のほうがありがたいのは当たり前です。

　さらに税制上の特例を併用することで、高い税率となるみな
し配当課税を回避できるメリットもあります。

相続人等からの自社株式を取得

➡ 非常にうまく金庫株が活用できる

➡ 相続税の納税資金として自社株式の売却代金を
利用できる

➡ 相続による株式の分散が防止できる

➡ 新たな株主も発生しない

➡ 税制上の特例の併用でみなし配当を回避できる

　この制度の利用の条件としては、

① 株式譲渡制限会社であること

② その相続人等が株主総会において議決権を行使していない
ことがあります。

　したがって株式を相続等により取得した株主は、株式を取得

してから譲渡する時までの株主総会決議において議決権を行使していないことが前提ですので注意してください。

たとえばオーナー経営者の死去に伴って株主総会において役員退職慰労金の決議を行う際に、相続人である株主はこの制度を利用することを考えていれば、その決議に参加してはいけないわけです。

この制度の利用の条件

➡ ①株式譲渡制限会社であること

➡ ②その相続人等が株主総会において議決権を行使していないこと

この会社法上の特例と以下の税制上の特例を併用することで、他の株主の追加売却請求権（自分も株式発行会社に株式を売る権利）ナシ、かつみなし配当ナシで自己株式を取得できます。

ここでの税制特例として、相続等により取得した非上場株式を譲渡する場合には、相続または遺贈により財産を取得した個人で相続税が発生している者が、その相続または遺贈があった日の翌日からその相続税の申告書の提出期限の翌日以後3年を経過する日までの間に、その相続税額に係る課税価格の計算の基礎に算入された非上場株式をその発行会社に譲渡した場合（つまり金庫株制度を活用する場合）には、みなし配当課税は行わず譲渡益課税のみとされ、譲渡益課税については相続税額の取得費加算の特例が認められています（租税特別措置法9条の

7、39条)。

みなし配当所得の総合課税による高税率が、自社株式の取得の際の大きな弊害となっているのですがこれを取り除いたものです。

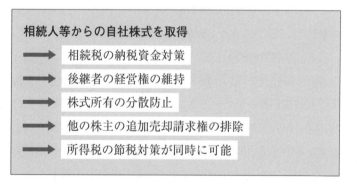

この制度を利用すると相続税の納税資金対策と後継者の経営権の維持、株式所有の分散防止、他の株主の追加売却請求権の排除、さらには所得税の節税対策が同時に可能となるため、これを活用した相続対策、事業承継対策が普及しています。

以下はこの場合の株主総会議事録のモデルです。ご参考にしてください。

臨時株主総会議事録

　令和○年○月○日　午後○時○分より、当会社の本店におい
て臨時株主総会を開催した。
　発行済株式総数　　○株
　議決権のある株主数　○名
　その議決権の数　　○個
　出席株主数　○名
　その議決権の数　　○個
　議事録の作成に係る職務を行った取締役
　　代表取締役　　○○○○
　議長　代表取締役　　○○○○

　以上の出席により、本臨時総会は適法に成立したので、議長
は開会を宣し、議事に入った。

　第1号議案　　株主の相続人からの自己株式取得の件
　議長は、当会社の株主であった○○○○○氏の相続人である○
○○○氏から自己株式を取得したい旨を述べ、これを議場に
諮ったところ、下記のとおり満場異議なく承認可決した。なお、
取得の対象となる株主○○○○氏は会社法140条第4項の規定
により、議決権を行使していない。

記
　1、取得する株式の種類及び数　普通株式　　○○株
　2、株式の取得に際して交付する金銭の総額　　○○○万円
　3、株式を取得することができる期間　令和○年○月○日か
　　ら令和○年○月○日まで
　4、○○○○氏の相続人である○○○○氏との合意の上、自
　　己株式を取得する

　議長は以上をもって本日の議事を終了した旨を述べ、午後○

時○分閉会した。

　以上の決議を明確にするため、議長並びに出席取締役及び出席監査役は次に記名押印する。

　　令和○年○月○日

　○○県○○市○○町○丁目○○番地
　株式会社　○○○○

　議長　代表取締役　○○○○　　　印
　　　　取締役　　　○○○○　　　印
　　　　取締役　　　○○○○　　　印
　　　　監査役　　　○○○○　　　印

6 相続人等に対する金庫株（自己株式）の売渡請求を定款で定める場合

　会社は相続等の一般承継により株式を取得した株主に対して、当該株式を会社に売り渡すことを請求することができる旨を定款で定めることができます（会社法174条）。

　この定款規定により株式の譲渡制限だけでなく、相続による取得の制限を行うことができるため、メガバンク等から会社の定款にこの条項を入れるように依頼されている例も少なくありません。

　また、新たにこの規定を設けるのは定款変更に該当するため、その決議は株主総会の特別決議によります。

　条件としては、株式譲渡制限会社でなくてもさしつかえないのですが、対象となる株式は譲渡制限株式であることが必要となります。

　この場合、株主総会の特別決議でその請求を行うかどうかを決議しますが、その株主総会の決議では相続等により株式を取得した者は議決権を行使できない（定足数にも入らない）ので、会社が強制的に株式を買い上げることができます（会社法175条）。

　なお、これは、会社が相続等による株式の取得があったことを知った日から１年以内に行う必要があります（会社法176条１項）。

また、売買価格の決定は当事者の協議によりますが、協議が整わない場合には裁判所に対して売買価格の決定を申し立てることになります（会社法177条1項、2項）。

　この制度を利用することでいままでは防ぐ手段がなかった相続等による株式の分散が防止でき、後継者として好ましくない者を排除することもできるようになりました。

　旧商法では譲渡制限はできても、相続の制限はできなかったのですが、会社法によりそれができるようになっています。

　事実上相続等による株式取得に対しても、会社の承認を必要とすることにしたのと同じで、事業承継対策の観点からは定款において上記の定めを置くことは非常に有効な手段となります。

相続等の一般承継により株式を取得した株主

➡ 会社は定款の定めにより当該株式を会社に売り渡すことを請求できる

➡ 相続等による株式取得にも会社の承認を必要とすることができる

　ただし、この規定は両刃の剣の性質をもっています。

　大株主であるオーナー社長が亡くなった場合、他の少数株主が相続人に売渡請求を行うか否かを決めることになります。

　その際にオーナー社長の相続人は強制的に自社株式を買い取られるかもしれず、相続を契機にクーデターにより会社の実質

的所有者が変わるおそれがあります。

　いわゆる「長生きしたもの勝ち条項」といわれる所以です。

　これを防止する工夫として、大株主であるオーナー社長の持株については譲渡制限を外しておき、この規定の適用対象外とすることもできます。

　ただしこの場合には、会社法では公開会社に分類されますので、役員の任期を10年まで延ばすことができないことや、取締役会や監査役の設置が義務づけられたり、計算書類の注記の大部分が省略できないなどのデメリットもあるため、メリットとデメリットの比較検討が必要です。

　これ以外にも、相続開始後においてこの条項を定款に入れる方法もあり、これは「後出しジャンケン方式」と呼ばれています。

相続を契機にクーデターにより会社の実質的所有者が変わるおそれ

➡️　いわゆる「長生きしたもの勝ち条項」

➡️　オーナー社長の持株については譲渡制限を外しておく

➡️　あるいは「後出しジャンケン方式」

　なお、この方法は株主から強制的に株式を買い取ることになるので、一種のスクイーズ・アウト（締出し）に当たります。

　この場合、株式の買取価格は会社の支配権価値（原則的評価

額）となることが多いため、配当還元価額を用いることはできず、より高額な買取価額になりやすいといえます。

株主から強制的に株式を買い取ることになる

➡ 一種のスクイーズ・アウト（締出し）に当たる

➡ 株式の買取価格は会社の支配権価値（原則的評価額）

➡ 配当還元価額を用いることはできない

以下はこの場合の株主総会議事録のモデルです。ご参考にしてください。

臨時株主総会議事録

　令和○年○月○日　午後○時○分より、当会社の本店において臨時株主総会を開催した。

　発行済株式総数　　○株

　議決権のある株主数　○名

　その議決権の数　○個

　出席株主数　○名

　その議決権の数　○個

　議事録の作成に係る職務を行った取締役

　　代表取締役　○○○○

　議長　代表取締役　○○○○

　以上の出席により、本臨時総会は適法に成立したので、議長は開会を宣し、議事に入った。

第1号議案　　定款の一部変更の件

　議長は、相続人等に対する株式の売渡請求に関する規定である定款第10条を新たに新設し、現行の第10条以下を1条ずつ繰り下げたい旨を述べ、これを議場に諮ったところ、下記のとおり満場異議なく承認可決した。

記

（相続人等に対する株式の売渡請求）

　第10条　当社は相続その他一般承継により当社の株式を取得した者に対し、当該株式を売渡すことを請求することができるものとする。

　議長は以上をもって本日の議事を終了した旨を述べ、午後○時○分閉会した。

　以上の決議を明確にするため、議長並びに出席取締役及び出席監査役は次に記名押印する。

　　令和○年○月○日

○○県○○市○○町○丁目○○番地
株式会社　　○○○○

　議長　代表取締役　　○○○○　　　　印
　　　　取締役　　　　○○○○　　　　印
　　　　取締役　　　　○○○○　　　　印
　　　　監査役　　　　○○○○　　　　印

第 V 章

株式譲渡制限会社における
株式の譲渡の承認手続

金庫株取得についての機関決定手続の前に、まず株式譲渡制限会社における一般的な株式の譲渡の承認手続からみていきましょう。

1　（例1）　譲渡制限株式の譲渡の承認

　株式譲渡制限会社（すべての株式について、譲渡にあたり会社の承認を必要とする会社）において、取締役会がある場合の譲渡承認に関する取締役会議事録、取締役会を設けていない場合の株主総会議事録をみていきましょう。

　会社法では株式譲渡制限会社について、取締役会を任意の機関としています（会社法326条2項、327条1項）。

　したがって、株式譲渡制限会社において株主から株式の譲渡の承認請求があった場合、定款に別段の定めがないときは、取締役会を設けている会社では取締役会において、また、取締役会を設けていない会社では株主総会において、その譲渡の承認を行うか否かを決議します（会社法136条、139条1項）。

株主から株式の譲渡の承認請求があった場合

➡　取締役会を設けている会社では取締役会

➡　取締役会を設けていない会社では株主総会

➡　その譲渡の承認を行うか否かを決議

　また、取締役会を設けている場合であっても、定款で定めれば、議決に加わることができる取締役全員が書面または電磁的記録により議案に同意する意思表示をした場合には、その提案

を可決した決議があったものとみなし（書面によるみなし決議）、取締役会の開催を省略することが認められています（会社法370条）。

この方法は当事者の負担が少なくてすむため、実務的には非常にお勧めの方法です。なお、業務監査権限をもつ監査役がいる会社（監査役設置会社）では監査役が異議を述べていないことが要件の１つとなっています。

議決に加わることができる取締役全員が議案に同意

➡ その提案を可決した決議があったものとみなす

➡ 書面によるみなし決議

➡ 取締役会の開催を省略することができる

➡ 監査役設置会社では監査役が異議を述べていないことが要件

会社法では、株式譲渡制限会社における株主からの株式譲渡の承認の請求を認めており（会社法136条）、仮に会社がこれを断る場合には会社自身が買い取るか、あるいは他の買取人を指定しなければなりません（会社法140条１項、４項）。

その意味では株式譲渡制限会社においても、株主はその株式を譲渡できることが保証されています。

株式譲渡制限会社における株主からの株式譲渡の承認の請求

➡ 会社がこれを断る場合には会社自身が買い取る

➡ あるいは他の買取人を指定する

➡ 株主はその株式を譲渡できることが保証されている

　ここで下記(1)は、株式譲渡制限会社で取締役会を設けている場合の取締役会の議事録のモデル、(2)は、取締役会を設けている場合で取締役全員の同意によるみなし決議による場合の議事録のモデルです。

　なお(2)による場合であっても、取締役会議事録が必要である点は変わりませんので注意が必要です。

　また(3)は、株式譲渡制限会社で取締役会を設けていない場合の臨時株主総会の議事録のモデルです。

(1)　株式譲渡の承認に係る取締役会議事録（取締役会を設けている場合）

取締役会議事録

　令和○年○月○日　午後○時○分より、当会社の本店において取締役会を開催した。
　　出席取締役　○名　（全取締役　○名）

出席監査役　○名　（全監査役　○名）
　代表取締役である○○○○は、選ばれて議長となり、開会を宣し、議事に入った。

第1号議案　　当社の株式譲渡の件
　議長は、株主○○○○より当社の株式譲渡承認請求が提出されている旨を述べ、これを議場に諮ったところ、下記のとおり満場異議なく承認可決した。

　　　　　　　　　　　　　　記
　○○○○の所有する当社の普通株式○○株を、○○○○に譲渡する。

　議長は以上をもって本日の議事を終了した旨を述べ、午後○時○分閉会した。

　以上の決議を明確にするため、議長並びに出席取締役及び出席監査役は次に記名押印する。

　令和○年○月○日

　○○県○○市○○町○丁目○○番地
　株式会社　○○○○

　議長　代表取締役　○○○○　　　印
　　　　取締役　　　○○○○　　　印
　　　　取締役　　　○○○○　　　印
　　　　監査役　　　○○○○　　　印

● 解説 ●

　取締役会の決議は、議決に加わることができる取締役の過半数

（これを上回る割合を定款で定めた場合にあっては、その割合以上。定足数といいます）が出席し、その過半数（これを上回る割合を定款で定めた場合にあっては、その割合以上）をもって行います（会社法369条1項）。

　また、取締役会の議事については法務省令に定めるところにより、議事録を作成し、出席した取締役・監査役は署名または記名押印する必要があります（会社法369条3項）。

　これは決議に異議をとどめなかった取締役の責任を明らかにするためです。

　なお、署名は本人の自書のことであり、記名は印刷された氏名のことです。

　この取締役会の議事録は取締役会の日から10年間、本店に備え置く必要があり、株主等は必要があるときはその閲覧、謄写を請求することができます（会社法371条）。

⑵　株式譲渡の承認に係る取締役会議事録（取締役会を設けている場合で、取締役全員の同意によるみなし決議による場合）

みなし決議に関する取締役会議事録

　取締役会の決議があったものとみなされた事項の内容
　第1号議案　　当社の株式譲渡の件
　○○○○の所有する当社の普通株式○○株を、○○○○に譲渡する。

　上記の提案をした取締役
　○○○○

取締役会の決議があったものとみなされた日
令和○年○月○日

　上記のとおり、会社法第370条の規定により、取締役会の決議があったものとみなされたので、これを証するために議事録を作成する。

　○○県○○市○○町○丁目○○番地
　株式会社　○○○○

　議事録作成者　代表取締役　　○○○○　　　印

● 解説 ●

　実際に取締役会を開いていない場合でも、議事録は必要です。

　なお、取締役会の決議があったとみなされた日は、最後の同意書の到着日となります。

　ここで、みなし決議に関する取締役議事録の記載事項は以下のように規定されています（会社法施行規則101条4項1号）。

① 取締役会の決議があったものとみなされた事項の内容

② 決議事項を提案した取締役の氏名

③ 取締役会の決議があったものとみなされた日

④ 議事録の作成に係る職務を行った取締役の氏名

　この場合には、代表取締役から各取締役と監査役へ提案書を送付し（その際、切手を貼った返信用の封筒を同封してください）、各取締役・監査役から代表取締役へ同意書を返送してもらうことになり、そのモデルは以下のとおりです。

　　　　　　　　　　　　　　　　　　令和○年○月○日
役員各位
　　　　　　　　　　　　○○県○○市○○町○丁目○○番地
　　　　　　　　　　　　株式会社　○○○○
　　　　　　　　　　　　代表取締役　○○○○　　　　印

　　　　　　　　提　案　書

　会社法370条の規定に基づき、取締役会の決議事項について、
下記のとおり提案致します。

　つきましては、別紙「同意書」により、来る○月○日までに
必着すべくご送付くださいますようお願い申し上げます。

　　　　　　　　　　　　記
第1号議案　　当社の株式譲渡の件
　○○○○の所有する当社の普通株式○○株を、○○○○に譲
渡する。

　　　　　　　　　　　　　　　　　　令和○年○月○日

○○県○○市○○町○丁目○○番地
　株式会社　○○○○
　代表取締役　　○○○○　殿
　　　　　　　　　住所
　　　　　　　　　取締役（又は監査役）
　　　　　　　　　　　　　　○○○○　　　　印

　　　　　　　　同　意　書

　私は、会社法370条の規定に基づき、取締役会の決議事項に
ついての下記提案に対して同意します（監査役の場合には「異

議はございません」)。

記

第1号議案　　当社の株式譲渡の件
　〇〇〇〇の所有する当社の普通株式〇〇株を、〇〇〇〇に譲
渡する。

住所
　　　　　　　　　取締役（又は監査役）　〇〇〇〇　　　印

(3)　株式譲渡の承認に係る株主総会議事録（取締役会を設けていない場合）

臨時株主総会議事録

　令和〇年〇月〇日　午後〇時〇分より、当会社の本店において臨時株主総会を開催した。
　発行済株式総数　　〇株
　議決権のある株主数　〇名
　その議決権の数　〇個
　出席株主数　〇名
　その議決権の数　〇個
　議事録の作成に係る職務を行った取締役
　　代表取締役　〇〇〇〇
　議長　代表取締役　〇〇〇〇

　以上の出席により、本臨時総会は適法に成立したので、議長は開会を宣し、議事に入った。

第1号議案　　当社の株式譲渡の件

　議長は、株主○○○○より当社の株式譲渡承認請求が提出されている旨を述べ、これを議場に諮ったところ、下記のとおり満場異議なく承認可決した。

記

　○○○○の所有する当社の普通株式○○株を、○○○○に譲渡する。

　議長は以上をもって本日の議事を終了した旨を述べ、午後○時○分閉会した。

　以上の決議を明確にするため、議長並びに出席取締役及び出席監査役は次に記名押印する。

　令和○年○月○日

　○○県○○市○○町○丁目○○番地
　株式会社　　○○○○

　議長　代表取締役　○○○○　　　印
　　　　取締役　　　○○○○　　　印
　　　　取締役　　　○○○○　　　印
　　　　監査役　　　○○○○　　　印

● 解説 ●

　株主総会の決議は、定款に別段の定めがある場合を除いて、議決権を行使することができる株主の議決権の過半数を有する株主が出席し（定足数といいます）、出席した株主の議決権の過半数をもって行います（普通決議、会社法309条1項）。

　なお、売買の当事者である取締役や株主は、特別の利害関係をも

つため、取締役会や株主総会における機関決定に参加できない点に留意が必要です（会社法369条２項、309条）。

　また、取締役会を設けている場合、譲渡を承認しないときの指定買取人の指定は取締役会決議で可能です（会社法139条１項）。

　取締役会を設けていない場合で譲渡を承認しないときの指定株主の指定や、譲渡制限株式を会社自身が買い取る場合には（この場合は取締役会を設けていたとしても）、議決権を行使することができる株主の議決権の過半数（３分の１以上の割合を定款で定めた場合にはその割合以上）を有する株主が出席し、出席した株主の議決権の３分の２（これを上回る割合を定款で定めた場合にはその割合）以上に当たる多数をもって行います（株主総会の特別決議、会社法309条２項１号、140条２項、５項）。

　また、株主総会の議事については法務省令で定めるところにより議事録を作成しなければなりませんが、株主総会では取締役会とは異なり、出席した取締役・監査役は署名または記名押印する規定はなく（会社法318条１項）、出席した取締役・監査役と議事録を作成した取締役の記名で足ります（会社法施行規則72条３項４号、６号）。しかし、実務上は署名または記名押印している例が多いようです。

　この株主総会の議事録は株主総会の日から10年間、本店に備え置く必要があり、株主等は必要があるときはその閲覧、謄写を請求することができます（会社法318条２項、４項）。

　それでは、次に、金庫株取得についての具体的手続をみていきましょう。

2 （例2） 前述の（例1）を利用して 金庫株（自己株式）とする場合

　ここでは、金庫株制度を活用するにあたり、譲渡制限株式を株式発行会社が買い取る場合の現実的な手順をみておきましょう。

　これは、株主から他の者へ株式の譲渡を行いたい旨の請求を会社に対して行い、会社がこれを断って会社自身が買い取るというスキームです。

　この方法が実務的に最も広く使われている方法ですので、ご参考にしてください。

譲渡制限株式を株式発行会社が買い取る現実的な手順

➡　株主から他の者へ株式の譲渡を行いたい旨を会社に請求

➡　会社がこれを断って会社自身が買い取る

　この方法を使えば、他の株主の追加売却請求権（自分も株式発行会社に株式を売る権利）なしに、かつ売買金額を他の株主に明かすことなく、特定の株主が会社に自社株式を売却することができます。

　こういった方法により会社法を上手に使うことで、他の株主と敵対的な関係にならずに株式を買い取ることができます。

特に同族株主の多い中小企業では、株主と敵対的な関係になってはいけないことを肝に銘じておかなければなりません。

安易な締出し（スクイーズ・アウト）を行えば、締め出された者からのその後の報復を招き、将来に禍根を残すことになります。

他の株主の追加売却請求権なし

➡ かつ売買金額を他の株主に明かさない

➡ 特定の株主が会社に自社株式を売却することができる

---

(1) 株主から株式発行会社に対して、他の者に株式を譲渡する旨の承認を請求（会社法136条、138条1号、S様式1参照）

（S様式1）

令和　　年　　月　　日

＿＿＿＿＿＿＿御中

株主からの株式の譲渡承認請求書（会社法136条・同138条1号）

①譲渡株主の氏名又は名称　（注1）	印
②譲渡株主の住所等	

	TEL		FAX		メールアドレス	
③譲渡株式の種類及び数	普通株式			株	株券番号 (注3)	～
	[ ]種類株式 (注2)			株	株券番号 (注3)	～
④譲受者の氏名又は名称 (注4)						㊞
⑤譲受者の住所等						
	TEL		FAX		メールアドレス	
⑥譲渡否認の場合の買取請求の有無 (いずれかに○)	貴社又は貴社の指定買取人が買取ることを請求（する・しない）。					
⑦⑥の場合の1株当たりの希望買取価格	普通株式		円	[ ]種類株式		円

(注1) 譲渡株主が法人の場合は、法人名と代表者名を記入して下さい。
(注2) 譲渡をしたい種類株式の種類が複数の場合は、本用紙を各々につき提出して下さい。
(注3) 株券発行会社である場合には株券番号を記入して下さい。
(注4) 譲受者が法人の場合は、法人名と代表者名を記入して下さい。また、譲受者が複数の場合は、本用紙を各々につき提出して下さい。

当社の営業時間内に総務部受付に2部提出してください。当社の日付入受領印を押印後、直ちに1部返却いたします。
当社受領印記載日より、2週間以内に認否の通知を行います（会社法139条2項・同法145条1号）。

譲渡承認請求の際は、

①　譲渡する株式の数

②　株式を譲り受ける者の氏名または名称

③　会社が株式譲渡の承認をしない場合に、会社が株式を買い取ることを請求するときはその旨を明らかにします。

株主から会社に直接買取りを請求することはできない

➡ 他の者への譲渡承認の請求を行う

➡ 譲渡の承認をしない場合は、会社に買取りを請求する

➡ 前提としては会社に分配可能額があること

　株式発行会社が株主から自社株式を買い取る方法は、これ以外にもミニ公開買付け（TOB）による方法（会社法156条）や特定の株主から取得する方法（会社法160条）、相続人等から取得する方法（会社法162条、この場合は一定の要件を満たせばみなし配当をナシにできます）がありますが、相続人等から取得する方法を除いた自社株式の通常の取得では、この会社法136条による方法が最も便利かつ有利です。

　以下、この会社法136条による方法について、みていきましょう。

(2) 譲渡・取得の承認の決定（会社法139条、記載例1「取締役会招集通知」、記載例2「取締役会議事録」参照）

譲渡制限株式の譲渡申請を承認するかどうかは、所定の機関での決議を行うことが必要となります。この場合の決議は取締役会設置会社の場合は取締役会で、取締役会非設置会社の場合は株主総会で行います。

この決議内容を明らかにするため、取締役会議事録（取締役会設置会社の場合）または株主総会議事録（取締役会非設置会社の場合）を作成します。

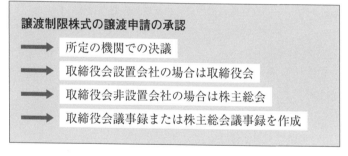

なお、定款であらかじめ譲渡承認を行う機関を、たとえば代表取締役と規定することも可能です。この場合は取締役会や株主総会の開催や、議事録の作成も不要です。

定款変更は臨時株主総会の特別決議で可能ですので、自社株式の買取手続を簡素化するにはこれは非常に便利な方法です。

最後に会社は、決議内容（または決定内容）を譲渡承認請求

者に通知します（S様式3参照）。

記載例1 「取締役会招集通知」

令和○年○月○日

取締役・監査役各位

代表取締役

緊急取締役会開催の件

　下記の要領で、緊急取締役会を開催しますので、通知いたします。

記

1．開催日：令和○年○月○日　午前○時〜午前○時まで
2．場所：本社会議室
3．議題：①○○○○○氏よりの株式譲渡承認請求の件
　　　　　②自社株取得のための臨時株主総会開催の件

記載例2 「取締役会議事録」

取締役会議事録

1．開催日：令和○年○月○日　午前○時〜午前○時
2．場所：当社会議室
3．決議事項：①株主太郎氏よりの株式の譲渡承認の件（資料：令和○年○月○日付「株主からの株式の譲渡承認請求書」S様式1）
　　　　　　　取締役全員の一致で、○○○○氏への譲渡はこれを承認しないとの決議をした。
　　　　　　②臨時株主総会開催の件　下記の如く決議した。
　　　　　　　1）臨時株主総会の日時及び場所
　　　　　　　　令和○年○月○日　午前○時〜午前○

　　　　　　　　時　当社大会議室
　　　　　２）株主総会の議題
　　　　　　　ア　譲渡承認請求に係る株式（対象株式）
　　　　　　　　　を買取る件
　　　　　　　イ　対象株式の数
　　　　　　　　　　　　　　　　　　　　　　　　　　以上
４．出席取締役：　○○○○印　○○○○印　○○○○印
　　出席監査役：　○○○○印

（Ｓ様式３）

　　　　　　　　　　　　　令和　　年　　月　　日
　　　　　　　　　　　　殿
_____

　　　　　　　　　　会社名　_____
　　　　　　　　　　代表者名　_____印

譲渡・取得承認請求に対する「認否」通知書（会社法139条２項・同145条１号）

　　令和　　年　　月　　日付にて当社が受領した貴殿より提出
のあった「株式譲渡承認請求書」・「株式取得承認請求書」（い
ずれかを抹消）につき、下記の決定をいたしましたので通知い
たします。

　　　　　　　　　　　　　記

(1)　_____殿への株式譲渡を承認し、株主名簿に記載いた
　　しました。
(2)　_____殿への株式譲渡を否認いたします。
(3)　_____殿の株式取得を承認し、株主名簿に記載いたし
　　ました。
(4)　_____殿の株式取得を否認いたします。
　　　　　　　　　　　　　　　　　　　　　　　　　　以上

上記(2)、(4)に該当する場合において、譲渡・取得を否認された株式について、①当社が買い取る場合には、本通知の日から40日（発信主義によります）以内に（会社法141条1項・同法145条2号）、②当社の指定買取人が買い取る場合には、本通知の日から10日（発信主義によります）以内に（会社法142条1項・同法145条2号）、当社又は指定買取人より買取通知書（S様式4又は5）により通知いたします。同時に純資産価額に買い取る対象株式数を乗じて得た額を当社本店所在地の供託所に供託したことを証する「供託証明書」を交付いたします（会社法141条2項・同法142条2項）。

(3)　承認されなかった場合の会社または指定買取人による買取りの決定（会社法140条、記載例3「臨時株主総会招集通知」、記載例4「臨時株主総会議事録」参照）

記載例3　「臨時株主総会招集通知」

令和○年○月○日

株主各位

○○株式会社
代表取締役

臨時株主総会招集ご通知

　当社臨時株主総会を下記の要領で開催いたしますので、ご出席くださいますようご通知いたします。

記

1．日　時　令和○年○月○日　午前○時
2．場　所
3．目的事項
　　1）報告事項　ありません。

2）決議事項　第1号議案　譲渡承認請求に係る株式を自
　　　　　　　　　　　　　己株式として買い取る件
　　　　　　　　第2号議案　上記株式に係る買取株式数の件
　　　　　　　　　　　　　　　　　　　　　　　　　　以上

出欠等の事前連絡票

　会場の準備及び昼食のお弁当を準備させていただくために、下記の事項に記載の上、令和○年○月○日までにFAX等にてご連絡賜りたく御願い申し上げます。

　なお、欠席される株主様は必ず、期日までに、下記記載の委任状をご提出ください。

1．当日は出席します（なお、会社法140条3項の規定により、譲渡承認請求者である株主様には議決権がないことにつき、予めご通知申し上げます。）。
2．当日は欠席します。

委　任　状

　　株主＿＿＿＿○○○○＿＿＿＿氏に議決につき委任いたします（記載がない場合には、総会議長に委任があったものとみなします。）。
　　住　所＿＿○○県○○市○○町○丁目○○番地＿＿
　　株主氏名＿＿＿＿＿＿＿○○○○＿＿＿＿＿＿印

記載例4　　　　　　　臨時株主総会議事録

　令和○年○月○日　午後○時○分より、当会社の本店において臨時株主総会を開催した。
　発行済株式総数　　○株

議決権のある株主数　○名
その議決権の数　○個
出席株主数　○名
その議決権の数　○個
議事録の作成に係る職務を行った取締役
　代表取締役　○○○○
議長　代表取締役　○○○○

以上の出席により、本臨時総会は適法に成立したので、議長は開会を宣し、議事に入った。

第1号議案　　当社の株式譲渡の件
　議長は、株主○○○○より○○○○に対する当社株式の譲渡について、株式譲渡承認請求が提出されている旨を述べ、これを議場に諮ったところ、下記のとおりこれを承認せず、当社が取得することを満場異議なく承認可決した。

記
　株主○○○○の所有する当社の普通株式○○株を当社が取得する。

　議長は、以上をもって本日の議事を終了した旨を述べ、午後○時○分閉会した。

　以上の決議を明確にするため、議長並びに出席取締役及び出席監査役は次に記名押印する。

　令和○年○月○日

　○○県○○市○○町○丁目○○番地
　株式会社　○○○○

　議長　代表取締役　○○○○　　　　印

取締役	○○○○	印
取締役	○○○○	印
監査役	○○○○	印

　なお、株式発行会社は譲渡承認請求者からの請求を受けた場合、その承認をしない決議または決定をしたときには、自社で買い取るか別の指定買受人を指定しなければなりません。

　ここで、会社自身で自社株式の買取りを行えば、他の株主からの追加売却請求なし、かつ他の株主に売買価額を明かさずに特定の株主から株式を取得できます。

　なお対象株式を買い取る旨とその株式数の決定は、株主総会の特別決議によりますが、その際に譲渡承認請求者は議決権が行使できない点に注意が必要です。

譲渡承認請求者からの請求を受けた場合

➡ その承認をしない決議または決定をしたとき

➡ 自社で買い取るか別の指定買受人を指定

➡ 会社自身での自社株式の買取り

➡ 他の株主からの追加売却請求なし

➡ 他の株主に売買価額を明かさずに特定の株主から株式を取得可

(4)　会社または指定買取人による買取りの通知
（会社法141条、Ｓ様式４およびＳ様式５参照）

供託金額計算表 （会社法141条２項・同施行規則25条）

(1)　基準純資産額

　　資本金の額　　　　　　　　　　　　------------------------------

　　資本準備金の額　　　　　　　　　　------------------------------

　　利益準備金の額　　　　　　　　　　------------------------------

　　剰余金の額（注１）　　　　　　　　------------------------------

　　最終事業年度の末日における評価・換算差額等に係る額

　　新株予約権の帳簿価格

　　△自己株式及び自己新株予約権の帳簿価格の合計額

　　　　　　　　　　　　　　　　　△　　_____

　　　　　　　　　　　　　　　　　　　==================

(2)　基準株式数

　　普通株式の発行済株式の総数（注２）　------------------------------

　　△自己株式の数　　　　　　　　　　　△　　_____

　　　　　　　　　　　　　　　　　　　　==================

(3)　一株当たりの純資産額　　　　(1)÷(2)＝ _____

(4)　供託金額　　　　　(3)×対象株式数＝ [_____]

（注１）　会社法446条に規定する剰余金の額
【{(資産の額＋自己株式の帳簿価額の合計額）－（負債の額＋資
本金及び準備金の額の合計額＋その他資本剰余金及びその他利
益剰余金の合計額)｝　＋　（最終事業年度末日後の自己株式処分価

額－最終事業年度末日後の処分自己株式帳簿価額）＋最終事業年度末日後のその他資本剰余金とした資本金減少額＋最終事業年度末日後の資本金としない準備金減少額】－【最終事業年度末日後の消却自己株式の帳簿価額＋（配当財産の帳簿価額の合計額＋現物配当に対して金銭分配請求権を行使した株主に交付した金銭の額の合計額）＋｜最終事業年度末日後の資本金の額又は準備金の額を増加させる剰余金の減少額＋最終事業年度末日後に剰余金の配当をした場合における増加資本準備金及び増加利益準備金の額＋（最終事業年度末日後に株式会社が吸収型再編受入行為をした際の自己株式処分価額－処分自己株式帳簿価額）｜＋｜（最終事業年度末日後に株式会社が吸収型再編受入行為をした後の資本剰余金額－吸収型再編行為直前の資本剰余金額）＋（最終事業年度末日後に株式会社が吸収型再編受入行為をした後の利益剰余金額－吸収型再編行為直前の利益剰余金額）｜】。

　　※　通常の場合は、上記のゴシック部分の計算となります。

(注２)　種類株式発行会社である場合は、各種類の株式（自己株式を除く。）の数に当該種類の株式に係る株式係数を乗じて得た数の合計数となります。

(表面)　　　　　　　　　　　　　　　　　　　　(Ｓ様式５)

　　　　　　　　　　　　　　　令和　　年　　月　　日

譲渡・取得承認請求者

＿＿＿＿＿＿＿＿＿　殿

　　　　　　　　　　会 社 名　＿＿＿＿＿＿＿＿

　　　　　　　　　　代表者名　＿＿＿＿＿＿＿　印

会社による株式買取通知書［供託証明書添付］(会社法141条1項・2項)

当社は、貴殿より買取り請求があった下記の株式を買い取ることを決定しましたので、通知いたします。

　　　　　　　　　　　　記

　１．買い取る対象株式

　　　　　　普 通 株 式　　　　　　　　　　株

```
                      [    —    ]  種類
                                   株式      —    株

    2．1株当りの買取希望価格
        普 通 株 式              —   円／株
        [    —    ]  種類
                     株式        —   円／株

                                              以上
```

> 本通知書は、当社が買い取る場合おいて、譲渡等の承認請求を否認したことを通知した日から40日以内に交付されるものです。本通知書には、1株当たりの純資産額として法務省令（会社法施行規則24条）で定める方法により算定される額（簿価純資産価格）に対象株式の数を乗じて得た額を、当社本店所在地の法務局に供託しましたので、供託を証する「供託証明書」を添付して貴殿に交付いたします。なお、本通知を受けた後は、売買契約（売買価格を除く）が成立いたしますので、当社の承諾を得た場合を除き、譲渡承認請求を撤回することはできません（会社法143条）。

　会社は対象株式を買い取る旨と株式数を決定したときは、譲渡承認請求者に対してこれらの事項を通知します。

　さらに会社は上記の通知をする際に、1株当り純資産額に株式数を乗じた金額を、その本店所在地の供託所に供託し、その供託を証する書類を譲渡承認請求者に交付します。

　これを受けた譲渡承認請求者は通知を受けた日から1週間以内に対象となる株券を株式発行会社の本店所在地の供託所に供託し、その旨を遅滞なく株式発行会社に通知します。

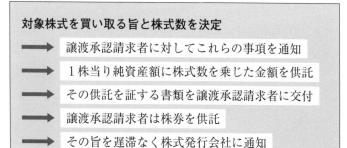

対象株式を買い取る旨と株式数を決定
- ➡ 譲渡承認請求者に対してこれらの事項を通知
- ➡ 1株当り純資産額に株式数を乗じた金額を供託
- ➡ その供託を証する書類を譲渡承認請求者に交付
- ➡ 譲渡承認請求者は株券を供託
- ➡ その旨を遅滞なく株式発行会社に通知

　この株券供託手続を回避するには、株券発行会社の場合、あらかじめ会社を株券廃止会社にしておくと便利です。

　なお株券発行会社が新たに株券不発行制度を採用し、株券廃止会社へ移行手続を行う際に、「株券を発行しない」旨の定款の変更決議（株主総会の特別決議）をした場合、定款でその旨を定めた日（効力発生日）の2週間以上前に公告（公告内容は「株券を発行しない」旨および、既存の株券が無効となる旨です）をし、株主に個別の通知をします。

　なおすでに発行した株券については、回収する必要は特にありません。

⑸　株式の売買価格の決定について（会社法144条）

　株式を株式発行会社が買い取る場合は、その売買価格は両者の協議によって定めます。実務的にはこの方法が株主・会社の両者にとって最も現実的であり、事前の打合せをすませておく

ことが理想です。

株式を株式発行会社が買い取る場合

➡ その売買価格は両者の協議によって定める

➡ 実務的にはこの方法が最も現実的

➡ 事前の打合せをすませておくことが理想

協議が整わない場合は会社法上、譲渡承認請求者または会社は、会社が買い取る旨の通知があった日から20日以内に裁判所に対して売買価格決定の申立てをすることができます。

裁判所は価格を決定する際には、会社の資産状態、その他いっさいの事情を考慮して決定します。

これは一見すると客観的で公平なようですが、裁判所の行う価格の決定は手間がかかるだけでなく、当事者双方に不満が出るケースが多々ありますので、あまりお勧めできません。

なお裁判所に価格決定の申立てをした場合は、裁判所の定めた額で売買しなければなりません。

当事者間の協議が整わず、かつ裁判所への申立てもない場合は、1株当り純資産額×対象株式数（＝供託金額）が売買価格になります。

協議が整わない場合

➡ 裁判所に対して売買価格決定の申立て

> **➡** 会社の資産状態、その他いっさいの事情を考慮して決定
>
> **➡** 当事者双方に不満が出るケースが多々ある

⑹ 買取りの際の注意点

株式の買取りに関する資金移動の証拠を、預金通帳に残す必要があります。

これ以外にも、譲渡後に、株主名簿および株主総会決議に係る商業登記に必要となる株主リストを書き換えること、法人税納税申告書別表二（同族会社等の判定に関する明細書）の記載も書き換えることに注意してください。

これらはすべて第三者（国税当局や、利害が対立する親族等）への対抗要件として必要となるものです。

> **株式の買取りに関する資金移動の証拠**
>
> **➡** 預金通帳に残す必要あり
>
> **➡** 株主名簿と株主リストを書き換える
>
> **➡** 法人税納税申告書別表二の記載も書き換える
>
> **➡** 第三者への対抗要件として必要

(7) 譲渡の承認があったとみなされる場合

　株式の譲渡の承認をしない旨の通知（会社法139条2項）をした場合に、原則としてその後40日以内に会社または指定買受人が買い取る旨の通知（会社法141条1項）をしない場合には、譲渡を承認したとみなされますので注意してください（会社法145条2号）。

　なお、この章については税理士である牧口晴一先生と齋藤孝一先生の業績に大きく依拠しています。同先生方に深くお礼を申し上げます。

第 VI 章

特論：金庫株を活用した
株価引下げ対策

1

金庫株を活用した株価引下げ対策

　取引相場のない株式では、相続開始前にオーナー社長から金庫株を取得することで、金庫株以外の株式の簿価純資産を大きく引き下げることができます。

　この手法で、株価の引下げを通じて後継者への株式の移転（譲渡、相続）をスムーズに行うことができると同時に、会社の現金預金をオーナー社長の個人財産に移すこともできます。

相続開始前のオーナー社長からの金庫株の取得

➡ 金庫株以外の株式の簿価純資産を引き下げることができる

➡ 後継者への株式の移転がスムーズに行える

➡ 会社の現金預金をオーナー社長の個人財産に移すことができる

　その仕組みと、実行する際の留意点や具体的な活用方法についてみていきましょう。

　くり返しになりますが、相続・事業承継にあたり、金庫株はまさに万能の兵器です。

　筆者の経験では、相続・事業承継の場面ではどのようなトラブルであっても、金庫株を使えばほぼ解決することができまし

たし、それでも無理な場合は種類株を使えば解決できます。

　相続開始前の金庫株の株価は、取得する側（株式発行会社）の法人税法上の時価と、売却する側（個人のオーナー株主）の所得税法上の時価によることになりますが、その時価は法人税と所得税で基本的にその評価方法が同じであり、かつ通常の相続税評価額よりも高いのが普通です。

　個人のオーナー株主から、株式発行会社が、この高い評価額で同社の株式を買い取ることにより、残りの株式の１株当り純資産を大幅に圧縮し、かつ生前にオーナー株主へ、それまでの功労に報いるべく利益還元することができるのです。

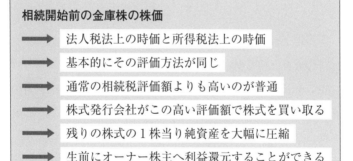

相続開始前の金庫株の株価
- 法人税法上の時価と所得税法上の時価
- 基本的にその評価方法が同じ
- 通常の相続税評価額よりも高いのが普通
- 株式発行会社がこの高い評価額で株式を買い取る
- 残りの株式の１株当り純資産を大幅に圧縮
- 生前にオーナー株主へ利益還元することができる

　この手法は、役員給与と役員退職金以外に役員の労苦に報いる方法として、筆者の顧問先において、役員に好評を博しています。

　オーナー株主である役員も、本音をいえば多額の報酬が欲しいのですが、周りの目もあって、おおっぴらに高額の報酬を受

け取ることは憚られます。

この方法を使えば、持分の一部払戻しを通じて会社財産を徐々に役員個人に移転することができ、さらに役員が金融資産をもつことができるため、相続人の相続税の納税資金対策や、後継者以外の相続人の遺産分割対策となります。

持分の一部払戻し

➡ 会社財産を徐々に役員個人に移転

➡ 役員が金融資産をもつことができる

➡ 相続人の相続税の納税資金対策

➡ 後継者以外の相続人の遺産分割対策となる

さらにこれの応用として、金庫株の対価を現金預金以外の土地等の会社財産とすることもできるため、役員から金庫株を買い取り会社財産を役員の個人財産にしたうえで、後継者以外の相続人に対して、金庫株と引き換えにした土地等の財産を相続させることもできます。

金庫株の対価を現金預金以外の土地等の会社財産とする

➡ 会社財産を役員の個人財産にする

➡ 相続人に対して土地等の財産を相続させることもできる

ただし、役員の個人財産の増加により、将来的に多額の相続

税が発生することも考えられますので、金庫株として取得する
金額の調整が必要です。

役員の個人財産の増加

➡ 将来的に多額の相続税が発生

➡ 金庫株として取得する金額を調整

　金融機関が提案する相続・事業承継対策では、新たに金融機
関からの借入金が発生しますが、それがないのがこのスキーム
のメリットです。

　借入金の返済ができないため役員個人が経済的に破綻して、
事業承継が失敗する、といったリスクを背負うことなく、相
続・事業承継対策が可能です。

この方法のメリット

➡ 金融機関からの借入金が発生しない

➡ 借入金の返済で役員個人が破綻することはない

➡ 事業承継が失敗するリスクがない

　それでは、オーナー個人から株式発行会社へと当該会社の株
式を譲渡した場合の、他の株式に対する株価引下げ効果をみて
みましょう。

　ここでは、１株当り簿価純資産の引下げ効果をみることにし

ます。

　株式を金庫株として株式発行会社へ譲渡する場合、譲渡した個人が中心的な同族株主に該当する場合には、常に小会社として評価することになります。

　小会社としての評価とは、純資産価額方式による評価額と、類似業種比準価額方式による評価額と純資産価額方式による評価額の平均の、いずれか低い価額での評価を意味します。

　さらに、ここでの純資産価額方式では、1株当り純資産価額の算定上、土地等と上場有価証券の時価評価を行い、含み益に対する37％控除は行わない計算をします。

　以下に、設例の会社の株式の1株当りの、①類似業種比準価額と、②純資産価額をそれぞれ求め、さらに中心的な同族株主から、③金庫株として買い取る場合の評価額を求めてみましょう。

　<u>会社規模は大会社</u>

　発行済株式数　20万株

　1株当りの配当金額　5円

　1株当りの利益金額　490円

　1株当りの簿価純資産額　380円

　1株当りの資本金等の額　50円

　類似業種の株価・比準要素は以下のとおりとします。

　類似業種の株価　477円

---

1 株当りの配当金額　3.6円

1 株当りの利益金額　35円

1 株当りの簿価純資産額　302円

純資産価額の算定にあたり必要となる資料

	総資産価額	負債金額
帳簿価額	3 億5,000万円	2 億円
相続税評価額	15億9,000万円	2 億円

　なお、総資産価額に含まれる土地の相続税評価額は 3 億円ですが、不動産鑑定士による評価額は 4 億円であるとします。

---

① 　1 株当り類似業種比準価額

477 円 $\times (5/3.6 + 490/35 + 380/302)/3 \times 0.7$

$= 477$ 円 $\times (1.38 + 14 + 1.25)/3 \times 0.7$

$= 477$ 円 $\times 5.54 \times 0.7$

$= 1,849.806$ 円 → $1,849.8$ 円（10銭未満切捨て）

設例の会社の 1 株当り資本金等の額は50円なので、

$1,849.8$ 円 $\times 50$ 円 $/50$ 円 $= 1,849.8$ 円 → $1,849$ 円

よって 1 株当り類似業種比準価額は1,849円

② 　1 株当り純資産価額

（相続税評価による総資産価額15億9,000万円 − 負債金額 2 億円）− ｛(15億9,000万円 − 2 億円) − (帳簿価額による総資産価

額3億5,000万円 − 2億円)¦ ×0.37

　＝9億3,120万円

9億3,120万円÷200,000株＝4,656円

よって1株当り純資産価額は4,656円

③　金庫株とする場合の評価額

　株式を金庫株として譲渡する場合、譲渡した個人が中心的な同族株主に該当する場合には、常に小会社として評価することになります。

　小会社としての評価とは、純資産価額方式による評価額と、類似業種比準価額方式による評価額と純資産価額方式による評価額の平均の、いずれか低い価額での評価を意味します。

　さらに1株当り純資産価額の算定上は土地等と上場有価証券の時価評価を行い、含み益に対する37％控除は行わない計算をします。

　中心的な同族株主から金庫株として譲渡する場合の1株当り純資産価額

（土地を実勢時価で評価した場合の総資産価額16億9,000万円 − 2億円）

　　＝14億9,000万円

　14億9,000万円÷200,000株＝7,450円

　よって1株当り評価額は7,450円

1株当り類似業種比準価額は①とは異なり、小会社として評価することから以下のようになります。

　477円×(5/3.6＋490/35＋380/302)/3×0.5

　　＝477円×(1.38＋14＋1.25)/3×0.5

　　＝477円×5.54×0.5

　　＝1,321.29円→1,321.2円（10銭未満切捨て）

　設例の会社の1株当り資本金等の額は50円なので、

　1,321.2円×50円/50円＝1,321.2円→1,321円

　よって1株当り類似業種比準価額は1,321円

　L＝0.5とした場合の併用方式による1株当り評価額

　(7,450円＋1,321円)/2＝4,385円＜7,450円

　よって③1株当り評価額は4,385円

　仮に発行済株式20万株がすべてオーナー社長の持株であるとして、そのうちの1万株を金庫株として株式発行会社へ売却すると、残りの株式の1株当り簿価純資産は、

　(380円×20万株－4,385円×1万株)÷19万株＝169円

となり、元の1株当り簿価純資産380円の半額以下になります。

　これを実行する場合の留意点として、法人株主であれば金庫株活用時にみなし配当課税を受けても、受取配当金の益金不算入の規定が適用できるため課税はないのですが、個人株主の場合には、みなし受取配当金による総合課税を前提に節

税対策を考えることになります。

　多額のみなし配当課税を避けるためには、所得税対策としてこれとは別に現オーナー社長が保有するゴルフ会員権等以外の含み損をもつ資産を売却するか、税率を下げるために複数年度にわたり分割して実行するなどが考えられます。

多額のみなし配当課税を避けるための所得税対策

➡ ゴルフ会員権等以外の含み損をもつ資産を売却

➡ 複数年度にわたり分割して実行する

　この方法による純資産の引下げと、各種手法による利益の引下げを組み合わせることで類似業種比準価額を引き下げ、その後に現オーナー社長の保有株式を後継者や後継者が設立した会社に譲渡すれば、現オーナー社長に対する多額の譲渡所得税課税を避けられるだけでなく、株式を購入する側の資金負担や、将来の株式の相続による相続税負担を大幅に軽減することができます。

　このように、金庫株を活用すれば、他の株式の1株当り純資産を大幅に圧縮し、かつ生前に現オーナー社長へ、それまでの功労に報いるべく利益還元することができます（法人税基本通達9−1−13、9−1−14、所得税基本通達23〜35共−9、59−6、財産評価基本通達179)。

金庫株の原則的評価額での取得

➡ 純資産額の引下げ

➡ 他の株式の1株当り純資産額の引下げ

➡ 利益の圧縮等による類似業種比準価額の引下げ

➡ 現オーナー社長の保有株式を後継者等に譲渡

➡ 多額の譲渡所得税課税を避けられる

➡ 株式を購入する側の資金負担や相続税負担を軽減

➡ 生前に現オーナー社長へそれまでの功労に報いるべく利益還元

2

株価引下げの
ポイント

(1)　株式の買集めは株価を下げてから

　たとえば、同族株主に分散されている自社株式を買い集める前に、まずは事業承継の全体像を明らかにするための事業承継計画を策定し、これに基づく後継者への事業の引継ぎにあわせて、株価の引下げ対策とその後の株式発行会社等による株式の買取りを連動させなければなりません。

　特に株価の引下げと株式の買取りは、タイミングを図る必要があるため、事業承継計画の一環としての計画的な取組みが求められます。

　ポイントは、当たり前のことですが、計画を文章化・数値化しておくことです。

　文章化・数値化していない計画は、玉虫色の解釈となることで、各人が自分の都合のよいように解釈しているケースが多く、後々のトラブルの元になります。

　その一方で、当初の事業承継計画は素案にとどめ、株式を所有している買取りの相手方との交渉次第で、スキーム自体はそのままにして、金額は臨機応変に変えていく柔軟さも必要です。

　まず分散している株式を会社等に集中させる、いわゆる株式の買取りが課題になります。

　これは、会社法による少数株主権の拡大により、少数株主であっても会社に強い権利をもつようになったためです。

　特に同族株主からの株式の買取りの前には、株価引下げ対策を実施しておくことが必要です。

　その際に売主と買主のそれぞれの適正な時価を知っておく必要があります。

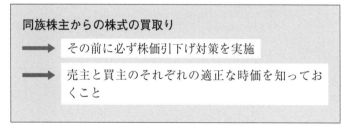

同族株主からの株式の買取り

➡ その前に必ず株価引下げ対策を実施

➡ 売主と買主のそれぞれの適正な時価を知っておくこと

　自分にとって適正な時価で売買すれば、相手方は別として、自分にはみなし贈与やみなし譲渡、受贈益等の課税が起こるこ

とはありません。

　自分と相手方との適正な時価が異なるケースとして、たとえば会社経営に実効的な影響力をもたない少数株主にとっての適正な時価は配当還元価額ですが、大株主にとっての適正な時価は原則的評価額であるため、少数株主から配当還元価額で個人の大株主が買い取ると、多くの場合、買主側にみなし贈与の問題が起こります（平成19年1月31日東京地裁判決）。

　買主が株式発行会社である場合（金庫株とする場合）は、資本等取引として会社側に課税はないのですが、買主が株式発行会社以外の会社である場合（金庫株ではない場合）は、自分の時価よりも低額で株式を取得する会社には受贈益が計上されます。

　したがって、繰り返しになりますが、各種の株価引下げ対策を行ったうえで、株価を引き下げてから株式の買取りを行うべきです。

同族株主からの株式の買取り

➡ その前に株価引下げ対策を実施

➡ 売主と買主のそれぞれの適正な時価を知っておく

➡ 株価を引き下げてから株式の買取りを行うべき

　自社株の評価について、たとえば小会社の場合には純資産価額方式をとるか、類似業種比準価額と純資産価額の併用方式を

利用することが考えられます。

　このうち類似業種比準価額は、純資産価額よりも調整しやすいという性質をもっているため、これを利用するべきであると思います。

　これは、比準要素としての配当と利益（所得）、純資産が、会社の方針や決算により調整可能であることによります。

　具体的には二期連続の無配当と、役員給与や役員退職金を利用した利益と純資産の調整によって株価を引き下げた後に、会社自身による買取り（金庫株の活用）、または社長あるいは後継者や、後継者を株主とした新しい持株会社による買取りを行います。

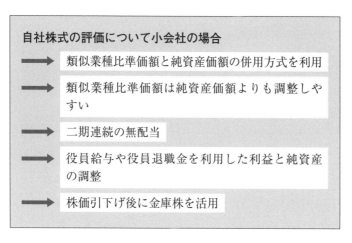

　ここで、会社自身が自社株式を買い取り、金庫株とする場合には、原則として通常の相続税評価額ではなく、次のような特殊な評価方法となります。

金庫株の評価では、たとえば純資産価額の算定上は土地等と上場有価証券をその時の時価で評価することや、含み益の37％控除ができない点に注意してください（法人税基本通達9－1－14）。

　このように純資産価額の引下げには大きな制約があることから、株価の引下げは純資産価額よりも類似業種比準価額の引下げ策が中心になります。

金庫株とする場合

➡ 原則として、通常の相続税評価額ではなく特殊な評価

➡ 純資産価額の算定上、土地等と上場有価証券を時価評価

➡ 含み益の37％控除ができない

➡ 株価の引下げは、類似業種比準価額の引下げ策が中心に

　さらに、株価を引き下げたタイミングで、社長から後継者へと自社株式を贈与（親族内承継の場合、この場合は平成27年1月1日から税率引下げの特例あり）または譲渡（親族外承継の場合）することも検討に値します。それでもなお贈与税が多額になる場合には、贈与税の納税猶予制度等の利用があります。

　また親族内承継の場合は後継者に資金力がないケースが多いことや、そもそも当然の株式移転であるため、贈与による株式

移転が通常なのですが、親族外承継（役員による MBO など）の場合は株式を無償で贈与すると他の親族が快く思わず、トラブルが発生するため、適正な時価による譲渡が適切です。

(2)　役員退職金を利用した株価引下げ策の注意点

役員退職金は役員退職金規程に基づく支給であるなどの形式的な要件のほか、実態として経営から退職している（判例でいう「特別の事実関係」）必要があります（法人税基本通達９－２－32、実質的要件、実質課税の原則による事実認定の問題）。

役員退職金を解説した書籍では、前者を取り扱っているケースが多いのですが、実務上のトラブルはむしろ後者に多いのが現状です。

役員退職金

➡　役員退職金規程に基づく支給（形式的要件）

➡　実態として経営から退職していること（実質的要件）が必要

たとえば退職したはずの先代が、退職後も経営上の実権を握っている例は多々ありますし、退職後数年たって会長等に復帰し、やはり実権を手放していない例もあります。

この場合には、役員退職金の損金算入が否認されるため、その事業年度の法人税の申告が過小となっているだけでなく、役

員退職金が損金の額に算入されたことを前提に評価された株価も過小評価になっているため、その株価を前提として行った株式の贈与の場合の贈与税や、譲渡の場合の譲渡所得税にも問題が生じます。

事業承継にかかわる金融機関職員は、創業者が実質的に退職するのは、心情的になかなかむずかしいことを知っておかなければなりません（下記、法人税基本通達参照）。

退職したはずの先代が退職後も経営上の実権を握っている場合

➡ 役員退職金の損金算入が否認される

➡ 法人税の申告が過小申告

➡ 株価も過小評価

➡ 株式の贈与の場合の贈与税や譲渡の場合の譲渡所得税にも問題

法人税基本通達（役員の分掌変更等の場合の退職給与）

9－2－32 法人が役員の分掌変更又は改選による再任等に際しその役員に対し退職給与として支給した給与については、その支給が、例えば次に掲げるような事実があったことによるものであるなど、その分掌変更等によりその役員としての地位又は職務の内容が激変し、実質的に退職したと同様の事情にあると認められることによ

るものである場合には、これを退職給与として取り扱うことができる。（昭54年直法2−31「四」、平19年課法2−3「二十二」、平23年課法2−17「十八」により改正）

(1)　常勤役員が非常勤役員（常時勤務していないものであっても代表権を有する者及び代表権は有しないが実質的にその法人の経営上主要な地位を占めていると認められる者を除く。）になったこと。

(2)　取締役が監査役（監査役でありながら実質的にその法人の経営上主要な地位を占めていると認められる者及びその法人の株主等で令第71条第1項第5号《使用人兼務役員とされない役員》に掲げる要件の全てを満たしている者を除く。）になったこと。

(3)　分掌変更等の後におけるその役員（その分掌変更等の後においてもその法人の経営上主要な地位を占めていると認められる者を除く。）の給与が激減（おおむね50％以上の減少）したこと。

(注)　本文の「退職給与として支給した給与」には、原則として、法人が未払金等に計上した場合の当該未払金等の額は含まれない。

　この通達の注意点は(1)、(2)、(3)ともに「（　）内の〜を除く」という点です。

　(1)の場合は（……者を除く。）とありますが、実質的に法人の経営をしている者は除くという意味です。

　(2)(3)も同様で、実質的に法人の経営に携わっている者への

支払は、単なる臨時の役員給与になるため、税務上は認められないことになります。

役員退職金の支給

➡️ 実質的に法人の経営をしている者は除く

➡️ 実質的に法人の経営に携わっている者への支払

➡️ 単なる臨時の役員給与

➡️ 税務上は認められない

役員退職の損金算入時期は、原則として株主総会の決議等によりその額が具体的に確定した日の属する事業年度ですが、法人がその退職給与の額を支払った日の属する事業年度に、その支払った額について損金経理した場合は、これが認められています（法人税基本通達9－2－28）。

この選択が認められているため、損金算入時期は調整することができますが、支給決議や支払時期を意図的に遅らせると、課税上弊害ありとして否認されるリスクがあります。

(3) 類似業種比準価額を引き下げる際の注意点

利益の引下げには役員退職金の利用のほか、たとえば含み損をもっている不動産を一気に処分するなどにより、株価引下げのタイミングを調整することが考えられます。

類似業種比準価額の比準要素となる利益には、不動産売却益

等の臨時的な利益を加える必要はありませんが、不動産売却損等の臨時的な損失はマイナスできますので、これを利用すると株価を一気に引き下げることができます。

また、利益の引下げはそのまま純資産の引下げになります。

利益の引下げ対策

➡️　含み損をもっている不動産を処分

➡️　利益には不動産売却益等を加える必要はない

➡️　不動産売却損等はマイナスできる

➡️　これを利用すると株価を一気に引き下げることができる

利益や純資産を引き下げるには、資金負担がない株価引下げ策をまず考えることが必要です。つまり決算整理での株価引下げです。

株価引下げのための資金負担がある場合、たとえば多額の広告宣伝費をかけることなどは、単に損をしているだけのケースも多く、費用対効果を十分に検討しなければなりません。

これを提案してくるのは広告代理店である場合があり、自分の商売につなげようとしているだけであると考えられます。

筆者のかかわったケースでは10億円の損をした（かつ効果はまったくなかった）というケースがあります。

また、株価引下げ対策を述べた書籍には、積極的な設備投資

による減価償却費の増加等の事例も書いてあります。事業上の必要があれば行ってよいのですが、株価引下げ対策で行うべきものではありませんので、それを鵜呑みにしてはいけません。

広告宣伝費や減価償却費には株価引下げ効果はあるのですが、株価の引下げのためにこれらを行うことはあまりお勧めできません。

利益や純資産の引下げ

➡ 資金負担がない株価引下げ策をまず考える

➡ 決算整理での株価引下げ

株価引下げのための資金負担がある場合

➡ たとえば広告宣伝費や減価償却費

➡ 費用対効果を十分に検討すべき

決算整理仕訳のみで株価を引き下げる工夫としては、資産の除却損や評価損のフル活用のほか、負債の網羅的な計上などがあります。

考え方として、貸借対照表の資産から落とせるものは落とし、負債は漏れなく計上すれば、費用の計上を通じて利益が抑制されるとともに、資産と負債の差額である純資産は小さくなります。

つまり、お金を使わずに決算整理仕訳により概念上の利益と純資産の圧縮を図るわけです。

決算整理仕訳のみで株価を引き下げる工夫

➡ 資産の除却損や評価損のフル活用

➡ 負債の網羅的な計上など

➡ 貸借対照表の資産から落とせるものは落とす

➡ 負債は漏れなく計上する

➡ 利益と純資産の圧縮が可能

　これ以外の利益と純資産を圧縮する方法では、現金預金がオーナー一族へ向かうように工夫してください。

　一方で、最近の税制改正による所得税・相続税の増税と法人税の減税を考慮すると、一人の経営者に給与を集中させることは得策ではありません。

　役員退職金以外にも、親族である役員の人数と役員給与の調整で、利益の調整は可能です。

　これを行う条件としては、役員としての勤務実態をもたせることが必要です。

　架空の役員に架空の給与を支払うのは単なる脱税です。

　たとえば主だった親族に非常勤取締役への就任を依頼し、月数回の出勤での伝票への承認印の押印と、取締役会に出席したうえでの取締役会議事録への押印があれば、十分に勤務実態があります。

　常勤の役員のように毎日働いてもらう必要はありませんが、経営に参画してもらうことが必要です。

逆にこれらがいっさいなければ、税務上勤務実態なしとして行為計算が否認されるリスクが高いといえます。

利益と純資産を圧縮する方法

➡ 現金預金がオーナー一族へ向かうように工夫

➡ ただし一人の経営者に給与を集中させない

➡ 親族である役員の人数と役員給与の調整

➡ 利益の調整は可能

➡ 条件として役員としての勤務実態をもたせる

役員としての職務は、時給いくらで額に汗をかいて働くことではなく、経営に関する意思決定への参画と他の役員の監視にあるため（監視義務）、取引の承認や取締役会での意思決定への参画がポイントになります。

さらに類似業種比準価額での評価では、配当金を役員給与に置き換えるだけで配当金と利益の2つの比準要素が下がることになります（配当金の給与化）。

なお法人税上、役員給与は定期同額給与が望ましく、業績の変動が激しい中小会社では、事前に所轄税務署へ役員給与の具体的な支給額について届出を行っておく事前確定届出給与は不向きです。

役員としての職務

➡ 経営に関する意思決定への参画と他の役員の監視義務

➡ 取引の承認や取締役会での意思決定への参画がポイント

類似業種比準価額での評価

➡ 配当金を役員給与に置き換える

➡ 配当金と利益の2つの比準要素が下がる

➡ かつ役員給与は定期同額給与が望ましい

　これ以外の利益の圧縮策には、生命保険の活用があります。

　会社が保険契約者および保険金受取人になり、役員が被保険者となるもので、役員退職金の支払原資になるほか、金庫株の取得原資にもなります。

　具体例としては中途解約する場合の解約返戻率が高く、保険期間の満了日が90歳から100歳になるような長期平準定期保険などがあり、こういった生命保険の活用により、貸借対照表の現金預金と剰余金をともに増やすことができます。

生命保険の活用

➡ 会社が保険契約者および保険金受取人

➡ 役員が被保険者

- 役員退職金の支払原資になる
- 金庫株の取得原資にもなる
- 具体例としては長期平準定期保険
- 現金預金と剰余金を増やすことができる

なお、類似業種比準価額方式での純資産は純資産価額方式の純資産と異なり、簿価純資産（法人税納税申告書別表五による金額）ですので、借入金を起こして不動産を購入しても、評価額は変わらず無意味です。

(4) 純資産価額を引き下げる際の注意点

借入金による不動産購入には借入返済と利息支払の資金繰りの問題があるほか、実質的に損をすると無意味である点は先ほどと同じです。

単に「不動産をはめ込まれ、騙されただけ」というケースもありますので、十分注意してください。

特に賃貸用不動産の取得の場合は、業者の提案する内容は将来の空室の見込みや修繕費の見込みが甘いことが多く、業者のいう計画が実現可能とは限らないことを知っておかなければなりません。

借入金による不動産購入

➡ 資金繰りの問題がある

➡ 実質的に損をすると無意味

賃貸用不動産の取得の場合

➡ 空室の見込みや修繕費の見込みが甘いことが多い

➡ 業者のいう計画が実現可能とは限らない

　不動産会社の提案は、当然ですが不動産会社の利益が最優先されていますので、割り引いて考える必要があります。

　不動産会社の担当者から「あなたのためを思って」などという言葉が出てきたら、嘘をついていると考えてください。

不動産会社の提案

➡ 不動産会社の利益が最優先されている

➡ 割り引いて考える必要がある

　タワーマンションは建物の評価額部分が大きいため、特に高層階では建物部分の帳簿価額が大きくなることもあって、かなりの評価引下げができます。

　また、小規模宅地等の評価減の特例の利用が可能であり、他人に貸した場合には建物部分は貸家での評価、土地部分は貸家建付地での評価となるので、税務上の評価減がフルに利用できます。

タワーマンションは建物の評価額部分が大きい

➡️ 特に高層階では建物部分の帳簿価額が大きい

➡️ 実際にかなりの評価引下げができる

➡️ 小規模宅地等の評価減の特例の利用が可能

➡️ 他人に貸した場合には建物部分は貸家での評価

➡️ さらに土地部分は貸家建付地での評価

➡️ 税務上の評価減がフルに利用できる

　相続対策に利用される物件は文字どおり玉石混交ですので、人気がなく売れ残った物件を押し付けられることもあり、紹介者選びや業者選びを間違えないことが大切です。

　なおタワーマンションは物件内容や高層階かどうかにもよりますが、金額的に多額になることも多く、相続税の納税資金や相続人間の遺産分割に支障が出るケースがあり、さらには値下りリスクもあることにもご注意ください。

タワーマンションは金額的に多額になることも多い

➡️ 相続税の納税資金や遺産分割に支障が出るケースがある

➡️ さらには値下りリスクもある

⑸ 主要取引先や金融機関等の関係者への根回し

主要取引先や金融機関等へ後継者のお披露目を行い、外部への周知を図ることにも留意してください。

特に先代の信用だけで事業が行われている場合（現実には非常に多い‼）、お披露目がないと後になってかなり揉めることになります。

「そんな話は聞いていない」というクレームにいちばん対応しづらいのは、どこでも同じです。

事業承継は形式的には株式等の持分の承継ですが、実質的な経営能力と内外の利害関係者の承認が伴わないと、大きな問題が生じるのは当然です。

後継者を主要取引先や金融機関等へお披露目

→ 外部への周知を図ること

→ 実質的な経営能力と内外の利害関係者の承認が必要

■おわりに
──将来に向けての可能性について

金庫株制度の活用は、平成18年5月の会社法の施行を契機にしていますので、まだ始まって10年あまりです。

株主相互の利害の調整や株主と会社との利害の調整に関して、これほどまでに優れた制度はないように思います。

金庫株の活用方法に関して、おそらくこれからも、さまざまな活用方法が生まれてくるように思います。

金融機関職員の皆さまも、さらなる進化を遂げるであろう金庫株制度を理解し、活用するとともに、将来に向けての大きな可能性に期待してください。

〈参考文献〉
牧口晴一・齋藤孝一著『非公開株式譲渡の法務・税務』中央経済社、2009年

■ 著者略歴 ■

都井　清史（とい　きよし）

1960年3月1日生まれ（兵庫県伊丹市出身）
1983年　神戸大学経営学部会計学科卒業
1988年　公認会計士都井清史事務所を設立
2005年　税理士登録
［著書］
『KINZAIバリュー叢書　種類株式を活用した事業承継・相続対策』
『KINZAIバリュー叢書　粉飾決算企業で学ぶ実践「財務三表」の見方【増補改訂版】』
『コツさえわかればすぐ使える粉飾決算の見分け方【第3版】』
（以上、金融財政事情研究会）
『図解　超わかるキャッシュ・フロー〔第2版〕』（銀行研修社）
『新公益法人の会計と税務』（学陽書房）　等

KINZAIバリュー叢書
金庫株の徹底活用術

2021年1月18日　第1刷発行

著　者　都　井　清　史
発行者　加　藤　一　浩

〒160-8520　東京都新宿区南元町19
発　行　所　一般社団法人 金融財政事情研究会
企画・制作・販売　株式会社きんざい
出　版　部　TEL 03(3355)2251　FAX 03(3357)7416
販売受付　TEL 03(3358)2891　FAX 03(3358)0037
URL https://www.kinzai.jp/

DTP・校正：株式会社友人社／印刷：三松堂株式会社

ISBN978-4-322-13832-0